名师名校名校长

凝聚名师共识
固定名师关怀
打造名师品牌
培育名师群体

顾明远题

中小学

心理约谈

实操手册

基于积极心理学理念

林瑛　主编

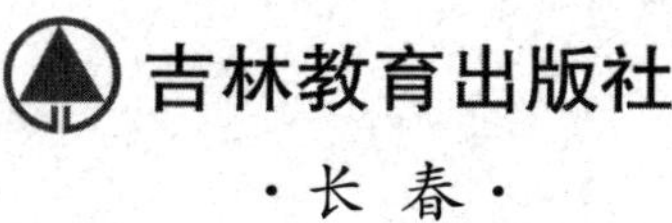

吉林教育出版社

·长春·

图书在版编目（CIP）数据

中小学心理约谈实操手册：基于积极心理学理念 / 林瑛主编. -- 长春：吉林教育出版社, 2024. 9.

ISBN 978-7-5734-3467-8

Ⅰ. G444

中国国家版本馆CIP数据核字第2024A8C329号

中小学心理约谈实操手册——基于积极心理学理念 林瑛 **主编**

责任编辑 韦炳元 **装帧设计** 言之凿

出版 吉林教育出版社（长春市同志街1991号 邮编 130021）

发行 吉林教育出版社

印刷 北京政采印刷服务有限公司

开本 710毫米×1000毫米 1/16 **印张** 8.25 **字数** 125千字

版次 2025年3月第1版 **印次** 2025年3月第1次印刷

书号 ISBN 978-7-5734-3467-8

定价 58.00元

前 言

《健康中国行动——儿童青少年心理健康行动方案（2019—2022年）》指出："随着我国经济社会快速发展，儿童青少年心理行为问题发生率和精神障碍患病率逐渐上升，已成为关系国家和民族未来的重要公共卫生问题。"

针对青少年心理问题多发、频发、低龄化的现状，国家和地方政策要求各学校陆续开展学生心理普查工作。2016年，国家卫生计生委、中宣部等22部门联合印发的《关于加强心理健康服务的指导意见》强调"重视心理危机干预和心理援助工作"，提出："将心理危机干预和心理援助纳入各类突发事件应急预案和技术方案，加强心理危机干预和援助队伍的专业化、系统化建设，定期开展培训和演练。"四川省教育厅印发《四川省中小学心理危机"三预"工作指导意见》强调要重视中小学生心理危机干预工作。2021年12月成都市发布《成都市中小学心理健康服务专项工作方案》要求开展区域内学生心理状况全员普查，建立心理成长档案，对高危学生实施台账管理，推动"一校一策、一年一筛、一生一案"。

在中小学一线心理健康教育实际工作中，对普查后预警学生的处理，尤其是预警学生的心理约谈工作的开展还不充分、不规范，存在相关部门对具体操作指导性不强，心理教师心理评估技能和危机干预方法欠缺的现象。

为提升心理健康普查的准确性和有效性，让心理危机干预更有的放矢，成都市新都区教育科学研究院组织了具有丰富经验的心理专业工作者，特此编制本手册，对中小学心理约谈的方法、内容、操作流程、技术策略、难点应对以及后续处置进行梳理和呈现，为一线心理专兼职教师、持有学校心理辅导员A/B/C证教师，以及学生工作经验丰富的政教干部，提供相应的培训指导和操作参考，以扩充心理约谈师资并加强专业培训，弥补心理约谈实践工作的不足。

本书的编制采用了四川省大中小学心理健康教育研究课题《积极心理学理念下中小学心理约谈模式的实践研究》成果——积极心理学理念下的“三环节二形式四步骤”心理约谈模式，部分参考了《浙江省中小学校园心理危机干预指导手册》《广东省中小学心理危机干预手册》，并梳理了心理危机干预的相关资源，希望中小学一线心理健康教育工作者能参考本书，结合本校实际需要，建立并完善心理筛查—评估—报告—转介制度，规范实施心理约谈，定期安排相应的教职员工培训，使他们掌握有关的知识和技巧，以便有效协助学生预防、预警和顺利渡过心理危机。

目录

附 录

校园心理危机干预资源

第一章

心理约谈前的制度建设和准备工作

心理约谈是中小学心理健康教育的一种新模式，即根据心理普查的结果精准识别出需要特别关注的学生群体，由学校心理评估小组协调安排，心理健康中心或班主任邀约学生，通过团体心理约谈和个体心理约谈两种形式，初步评估学生的心理健康状况。其主要目的是评估筛选出可能有心理障碍和心理危机的学生，及时给予相应的干预，预防心理危机的发生或加重。整个过程融合积极心理学理念和视角，服务于学生的自我认识、潜能开发和心理发展。

心理约谈定位于中小学心理危机筛查与干预工作三大环节——筛查、评估、干预中的评估环节。其具体流程图如下：

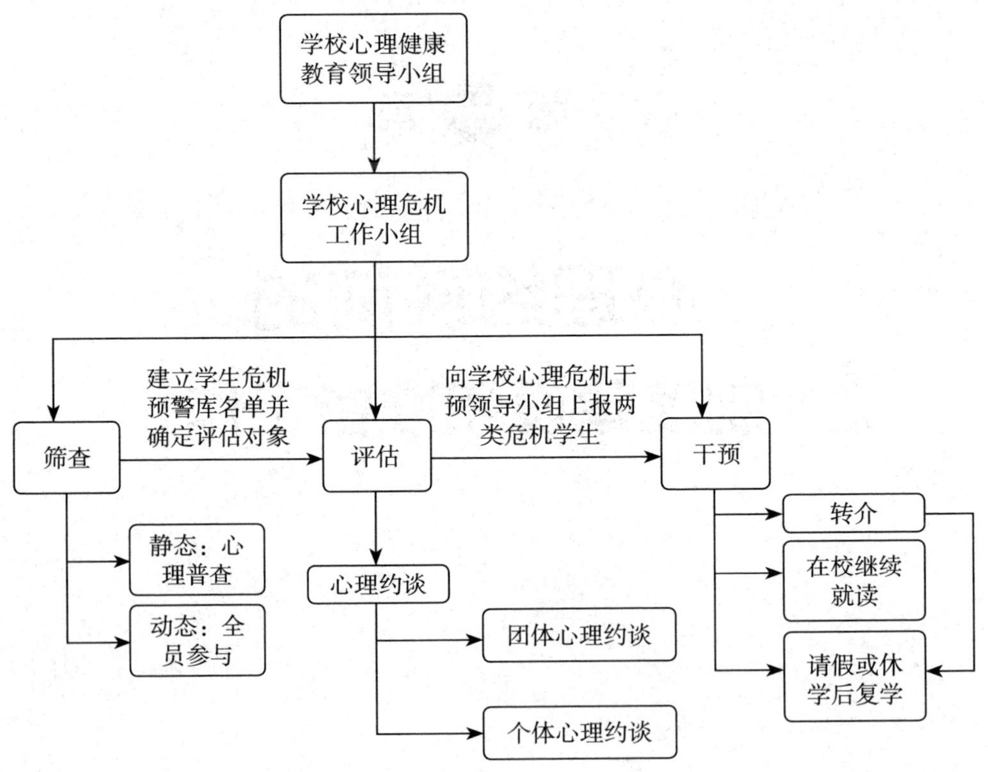

图1-1 中小学心理约谈危机干预工作流程图

第一节　心理约谈前的组织制度建设

心理约谈是心理普查后，危机干预前的重要环节，该工作的顺利开展有赖于学校心理筛查—评估—上报—转介制度的建立和完善，因此，建立健全危机识别与干预制度是重要前提，包括危机筛查制度、危机评估制度、危机分类干预制度；完善危机识别与干预的组织体系和队伍建设，成立危机干预领导小组、危机干预工作小组，以及危机评估工作小组。明确职责，分工协作，确保心理约谈工作前期有准备，后续有落实，促进学生心理健康与发展。

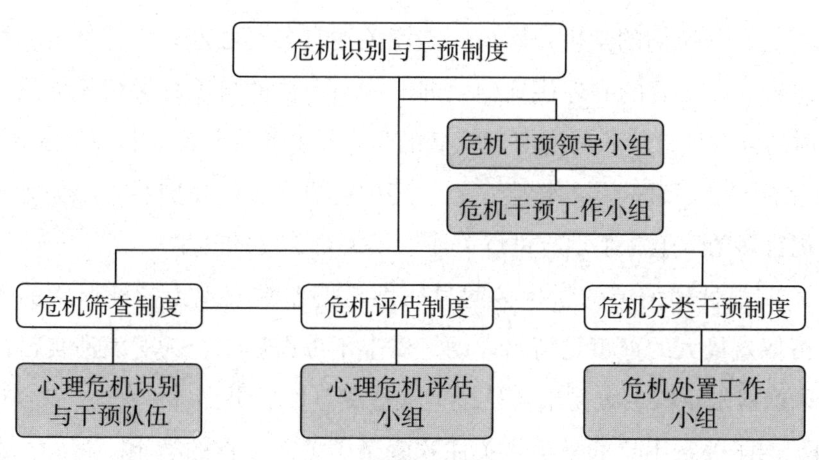

图1–2　心理约谈前的组织制度建设示意图

一、建立学生心理问题筛查制度

各中小学校根据危机干预工作制度要求每年对学生（小学四年级以上学生）开展心理健康普查，并建立心理档案。全面构建班主任、心理辅导专兼职教师、学科教师、宿管员、心理委员、寝室长等人员参与的心理危机识别与干预队伍体系，明确各类人员的工作职责，重点关注新生入学时、开学前后、考试前后、重大事件或灾难发生等时间节点的学生心理状况。特别是班主任要密切关注学生的心理状态，尤其是要掌握有心理问题的学生的情况，确定危机学生名单，及时识别危机信号，并上报学校心理危机领导小组，必要时与心理教师共同跟进关注。

各中小学在全面心理筛查中把有心理疾病（包括抑郁症、焦虑症、双相情感障碍等）、严重心理问题、明显性格偏差、亲子关系不良的学生以及特殊家庭的学生等作为重点预警对象，主要包括以下几类：

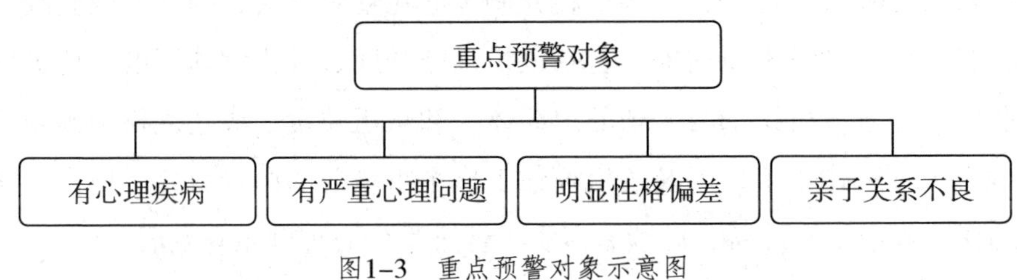

图1–3　重点预警对象示意图

（1）有心理疾病的学生：学校应高度关注有各类心理疾病的学生，特别是抑郁症患者。在所有的心理疾病中，抑郁症与个体的自杀行为相关性最大。学校应及时通知并建议家长将有心理疾病的学生转介至专科医院接受相关治疗。

（2）有严重心理问题的学生：初、高中应重点关注焦虑、人际关系不良或学习困扰较多的学生，小学应重点关注亲子关系不良的学生。

（3）明显性格偏差的学生：明显的性格偏差常表现为各种形式的人格障碍。性格偏差最大的危害是情绪冲动，做事不考虑后果，为了发泄自己的情绪甚至会采取极端手段，极易给自己或他人造成恶性后果。

（4）亲子关系不良的学生：关注家庭亲子关系不良的学生。离异、重组、留守等家庭，普遍缺少温暖，家长过分注重学习成绩、与孩子缺少情感交流、教育方式不当，在发生亲子冲突后极易导致学生的极端行为。

同时，对近期发出过如下警示信号的学生，各学校也应将其作为心理危机干预的重点对象，及时进行危机评估或干预。

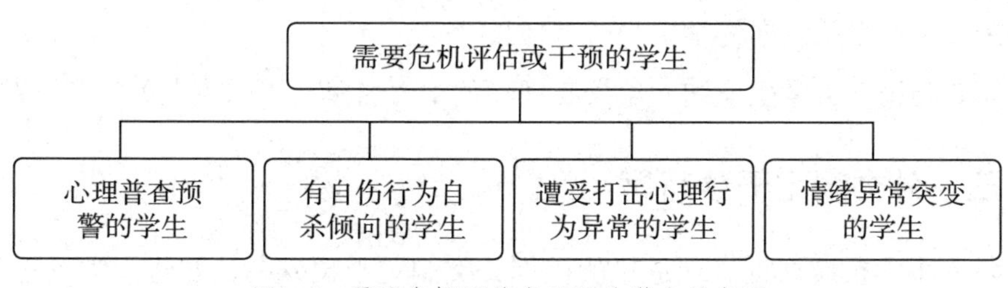

图1–4 需要危机评估或干预的学生示意图

（1）心理健康普查预警的学生；

（2）谈论过自杀并考虑过自杀方式，表露出感觉活着没意思的学生；

（3）遭受突然打击和受到意外刺激后出现心理或行为异常的学生，如家庭发生重大变故、身体出现严重疾病、情感受挫、人格受辱、发生严重人际冲突、发生重大财产损失等遭遇性危机之后产生心理或行为异常的学生；

（4）情绪异常突变的学生。

二、建立学生心理问题评估制度

对心理健康普查后提示危机预警的学生，经班主任、科任教师、学生观察有警示信号的学生，各中小学校要通过对其进行心理问题严重性的评估来确定学生心理危机类别。评估工作在每年心理普查后一个月内进行。

学校心理评估小组由学校分管领导、心理专（兼）职教师及相关班主任组成，也可根据需要邀请区心理辅导中心有关专家参与评估。一般由学校心理评估小组完成。

各中小学校可根据心理问题的严重程度，将心理危机学生分为三类：

第一类为一般心理危机学生，主要包括在心理普查或心理辅导中发现的有轻微心理问题的学生；或在学习、生活中，因适应困难、人际失调、情感受挫等原因出现轻微心理或行为异常的学生。

第二类为严重心理危机学生，主要包括在心理普查或心理辅导中发现的有严重心理问题，并出现明显心理或行为异常的学生；或在学习或生活中遭遇突然打击而出现明显心理或行为异常的学生。

第三类为重大心理危机学生，主要包括患有严重心理障碍（如患有抑郁症、恐怖症、强迫症、焦虑症等）或精神分裂症并已确诊的学生，以及发生过自杀未遂或有自杀倾向的学生。

第二与第三类学生应纳入学校心理高危学生名单，予以重点关注与跟踪。

三、分类制定干预方案

各中小学校应根据心理危机的类别分类制定干预方案，并建立学校心理危机预警库对心理高危学生进行定期跟踪、动态管理。

对于一类危机的学生（即一般心理危机学生），由心理教师协助班主任制定干预方案；对严重心理危机及重大心理危机学生（即心理高危学生）形成干预方案，并积极寻求专业支持；对心理高危学生的干预方案应包括心理评估结果、行为表现、原因分析、具体的干预措施及主要责任人，做到内容详细，措施操作性强，责任明确。

学校心理危机评估小组经过评估发现学生心理问题已超出学校辅导范围的，建议通知家长及时转介，做好与家长的沟通协商工作，并做好资料留痕。学校可向家长推荐当地或省内外具备资质的专业咨询机构或医疗机构，并及时了解学生的诊断与治疗情况。

如治疗恢复后申请重新就读，家长需携带相关证明材料向学校提出申请，学校召集心理危机评估小组，根据相关材料作出继续休学或者回校学习等评估。对多方评估后可以回校学习的学生，班主任、心理教师、学科教师、心理委员要特别予以关注，定期跟踪记录，并与家长签订书面协议，要求家长履行好监护职责并承担相应责任。对一般心理危机学生的干预方案应主要由各中小学负责，并在校内进行备案。

四、建立及完善中小学生心理危机识别与干预制度

（1）各校建立心理危机干预领导和工作小组，成员包括学校分管领导、相关职能部门负责人、心理专（兼）职教师、年级组长及相关班主任等，负责开展学校心理危机的筛查与干预工作，并在学校宣传栏公示，让学生人人知晓。各中小学应根据省教育厅相关文件要求，在学校安全工作小组或心理健康教育领导小组下成立校心理危机工作小组。

（2）将中小学生心理危机识别与干预制度建设纳入区域学校平安校园考核指标。

（3）全区各学校心理危机识别与干预工作由区域心理健康教育中心指导，学校可聘请专家组督导各中小学对心理高危学生开展干预工作。

（4）各学校在相关工作中注意保护学生个人隐私。

（5）心理约谈前的制度建设和工作准备首先是建立危机筛查干预制度，其次是开展心理筛查，依据静态和动态筛查结果，明确预警学生名单，召开心理评估工作会，明确职责与分工，然后再开展心理约谈工作。

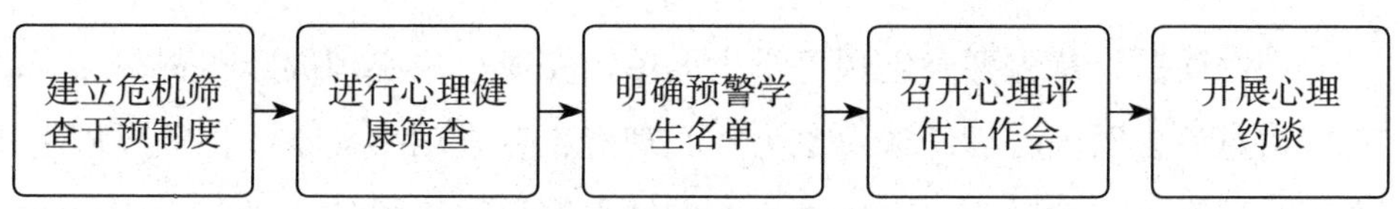

图1–5 心理约谈前的制度建设和工作准备

第二节　心理约谈前的准备工作

一、确定预警学生名单

心理约谈前，首先要确定预警学生名单。完成学生心理健康普查并综合动态观察信息后，明确心理约谈对象为：心理健康普查结果提示预警且与班主任日常观察结果一致的学生；心理健康普查结果未提示预警但通过班主任、学科教师、宿管员或心理委员日常观察，疑似有心理危机的学生。

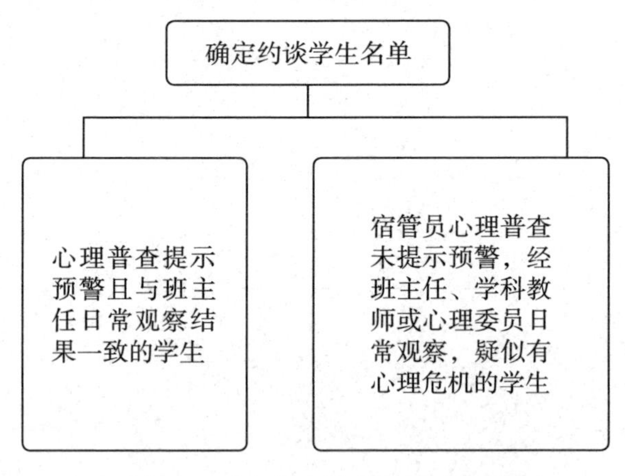

图1–6　确定约谈学生名单示意图

二、确定预警学生名单可使用的工具表格

预警学生名单可使用的工具表格见表1–1、表1–2。

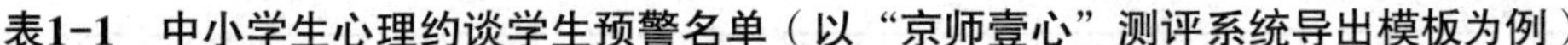

表1-1　中小学生心理约谈学生预警名单（以“京师壹心”测评系统导出模板为例）

姓名	账号	性别	危机类型	危机问题	自杀风险	自伤风险	抑郁问题	焦虑问题	精神症状	压力问题	状态	进展	生成时间
××	××	×		抑郁问题，自杀问题	重度	中度	重度	中度	中度	中度	危机中	未上报	2021/1/9 20：38

表1-2　学生心理危机预警登记表

<table>
<tr><td rowspan="3">基本信息</td><td>姓名</td><td></td><td>性别</td><td></td><td>出生年月</td><td></td></tr>
<tr><td rowspan="2">班级</td><td rowspan="2"></td><td rowspan="2">班主任</td><td rowspan="2"></td><td rowspan="2">家长姓名与电话</td><td>父：</td></tr>
<tr><td>母：</td></tr>
<tr><td>家庭住址</td><td colspan="6"></td></tr>
<tr><td>学习情况</td><td colspan="6">特优（　　）优秀（　　）良好（　　）合格（　　）待合格（　　）</td></tr>
<tr><td>身体状况</td><td colspan="6">健康（　　）疾病＿＿＿＿＿＿＿＿＿＿＿＿＿＿＿＿</td></tr>
<tr><td>主要表现</td><td colspan="6">该生是否存在下列症状，若存在请在该选项括号中打“√”</td></tr>
<tr><td colspan="7">（一）严重心理危机：需平时重点关注与筛查</td></tr>
<tr><td colspan="7">（　　）1.经常无故请假（如请假超过一周又无可信的请假缘由）。
（　　）2.原生家庭解体（父母分居、离异或去世等）。
（　　）3.情绪容易暴躁、发怒、易激惹。
（　　）4.情绪长期低落压抑，有强烈焦虑、恐慌、紧张，或罪恶感和自责情绪明显。
（　　）5.曾经有过较严重的打架斗殴、伤害他人的行为。
（　　）6.性格极度内向、孤僻，缺少朋友，同伴关系淡漠。
（　　）7.亲子关系恶劣或冷漠，经常发生亲子冲突，社会支持系统长期缺乏或丧失。
（　　）8.经常会出现无缘由的、较严重的睡眠问题。
（　　）9.幼年经历过较为严重的创伤（如受家暴、性侵）或有长期寄养经历。
（　　）10.近期存在诸如家庭变故、学业受挫、人际冲突、躯体疾病等重大应激事件。
（　　）11.其他：
【处理建议】学校给予重点关注，应马上报校学生政教处进行备案，并及时联系其家长到校，告知其学生的心理状态及风险，必要时建议接受专业机构诊断和治疗。学校、年级、班级三级跟踪关注并提供心理支持。班主任应做好此类学生的跟踪辅导工作，心理教师应与学生保持密切联系，提供相关的辅导帮助。</td></tr>
<tr><td colspan="7">（二）重大心理危机：需紧急心理危机评估与干预</td></tr>
<tr><td colspan="7">（　　）1.情绪突然明显异常者，如特别烦躁、焦虑，无法控制冲动，情绪异常低落或突然从低落变为平静。
（　　）2.曾经有过自残行为、自杀企图甚至自杀行为。
（　　）3.近来，突然对宗教、哲学、死亡话题产生浓厚兴趣。
（　　）4.突然避开同学、老师或亲人；拒绝和人沟通，有抽烟、酗酒等反常行为。
（　　）5.不明原因突然向同学、朋友或家人赠送礼物、请客、赔礼道歉、述说告别的话语等，行为明显改变。
（　　）6.正在接受心理治疗的学生（如患有抑郁症、恐怖症、强迫症、焦虑症等）或患有精神分裂症并已确诊的学生。
（　　）7.其他：＿＿＿＿＿＿＿＿＿＿＿＿＿＿＿＿＿＿＿＿</td></tr>
</table>

续 表

<table>
<tr><td colspan="2">【处理建议】如果该生出现此类情况之一，需马上约谈学生并上报学校政教处和上级有关部门。学校应安全转移该生，确保该生人身安全并立即采取措施，通知家长将该生送至专业精神卫生机构治疗</td></tr>
<tr><td>干预措施</td><td>根据观察调查，视情况对其心理危机是否做过以下干预，可多选。</td></tr>
<tr><td colspan="2">1.是否已经密切观察该生的异常情况：是（　　）否（　　）</td></tr>
<tr><td colspan="2">2.是否已建议家长带孩子定期做进一步的医学心理治疗：是（　　）否（　　）</td></tr>
<tr><td colspan="2">3.班级措施：
（1）已制定班级干预方案（班主任工作手册）。（　　）
（2）已联系并约谈家长。（　　）
（3）经常与该生交流。（　　）
（4）班干部和同伴密切支持帮助。（　　）
（5）已告知任课老师该生情况。（　　）</td></tr>
<tr><td colspan="2">4.其他措施：
补充说明：可附上图片、文字记录等证明材料</td></tr>
</table>

心理约谈中的操作流程和技术策略

在心理健康普查之后，心理教师对普查结果提示需要重点关注的学生，首先通过团体心理约谈的模式进行第二轮筛查，帮助学生在团体中获得问题的正常化以及朋辈支持，同时筛查危机对象，以提高个体心理约谈的效率。经过团体心理约谈第二轮筛查之后，依旧提示需要重点关注的学生，进行第三轮的筛查，即邀请学生到辅导室进行一对一的个体心理约谈。约谈后需要及时对相关的材料进行整理归类，同时评估学生的问题类别并进行分类处理。在整个约谈的过程中，融合积极心理学理念和视角，服务于学生的自我认识、潜能开发和心理发展等方面。

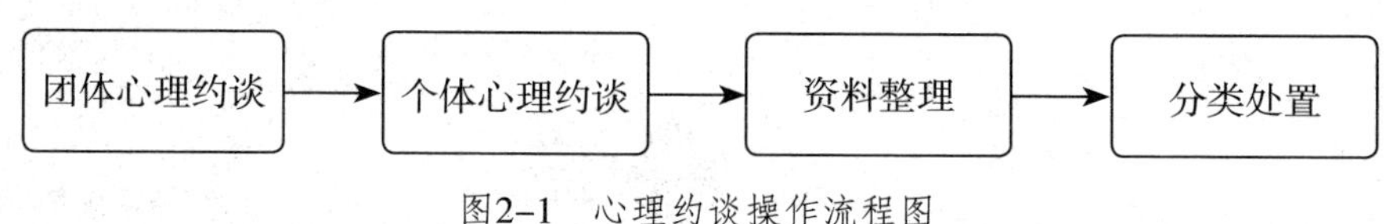

图2–1　心理约谈操作流程图

第一节 团体心理约谈操作流程

心理健康普查之后，往往提示预警的学生相对较多，可先通过团体心理约谈的方式来进行第二轮筛查，以提高心理约谈效率。小学、初中、高中阶段的学生心理发展特点有所差别，因此根据不同学段学生的心理发展特点，结合积极心理学理念分别设计了各学段的团体心理约谈课程。课程分为四个环节（见图2–2）：开宗明义、心理测试、学会方法、总结收束。不同学段的心理约谈课程框架具体内容见表2–1至表2–3：

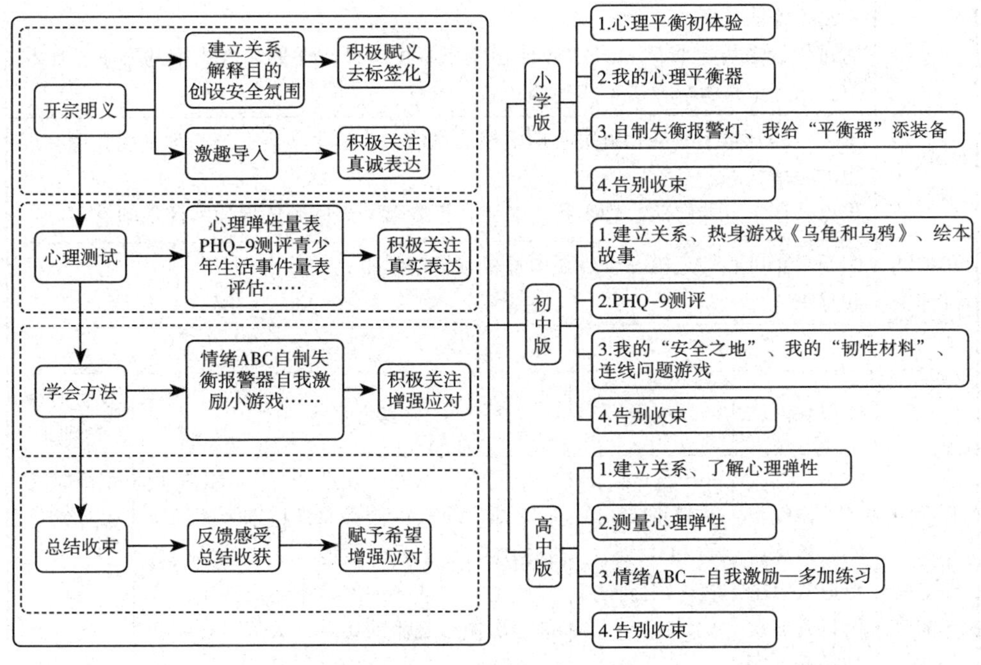

图2–2 团体心理约谈操作流程图

表2-1　中小学生团体心理约谈流程表（小学版）

<table>
<tr><td>主题</td><td colspan="4">稳固心理“平衡器”，拥有理想“心”状态</td></tr>
<tr><td>设计理念</td><td colspan="4">近年来，青少年心理问题不仅多发、频发，还逐步低龄化，针对这一情况，国家出台相关政策，要求学校开展学生心理普查工作。每年一次心理筛查已然成为学校心理健康教育的一个常规工作。但在实际工作中，由于师资紧张、学生测评回答存在误差等因素，第一轮普查结束后，会出现预警学生体量大、心理教师工作繁杂、人员紧缺等现实问题。面对这些问题，学校急需快速、有效甄别出危机个体，以便后续的跟踪、干预。本堂课就是基于这一需要，针对第一轮普查后出现危机预警的小学生开展团体心理约谈。课堂以心理学家林德曼和凯普兰开展危机干预时采用平衡/失衡模式的相关危机干预理论为基础进行设计，通过创设情景，将体验式活动与心理测评相结合，进一步科学筛查，对潜在的有严重和危机心理问题学生进行再筛查，以期达到“早发现、早疏导、早预防”的目的</td></tr>
<tr><td>目标</td><td colspan="4">（一）辅导目标
1.通过活动让学生积极看待心理健康问题，能够对心理困扰不避讳、不隐藏，坦诚开放地填写评估问卷。
2.通过活动提升学生战胜和解决心理困扰的自信，让学生学会保持心理平衡，拥有理想的心理状态。
3.让学生学会简单的面对困难的方法，在自己无法应对的情况下，学会寻求外界的支持和帮助。
（二）评估目标
通过创设情境，将体验式活动与心理测评相结合，评估学生当下的心理健康状况，以判定是否需要进一步约谈</td></tr>
<tr><td>重、难点</td><td colspan="4">重点：提升学生战胜和解决心理困扰的自信，让学生学会保持心理平衡，拥有理想的心理状态。
难点：让学生能够对心理困扰不避讳、不隐藏，坦诚开放地填写评估问卷</td></tr>
<tr><td>对象和课时</td><td colspan="4">四至六年级心理危机筛查后显示危机预警的学生；
40分钟</td></tr>
<tr><td colspan="5">活动过程</td></tr>
<tr><td>环节</td><td>目标</td><td>流程</td><td>参考话术</td><td>积极心理学理念</td></tr>
<tr><td>（一）开宗明义：心理平衡初体验（5分钟）</td><td>课堂介绍，澄清邀约目的，破冰，形成气氛融洽且开放接纳的活动团队。</td><td>1.开场介绍：明确邀约目的和主要内容（1分钟）</td><td>各位同学大家好，欢迎和我一起走进悦心之旅。今天的旅程非常特别，因为所有的旅行者都是学校通过随机抽签的方式产生的，恭喜大家，幸运被抽中。我是本次悦心之旅的导游，大家可以叫我×老师。</td><td>积极赋义
去标签化</td></tr>
</table>

续 表

活动过程				
环节	目标	流程	参考话术	积极心理学理念
（一）开宗明义：心理平衡初体验（5分钟）			我会用轻松有趣的活动来帮助大家拥有更好的身心状态，以便于我们在面对挑战和困难时，能有更多的好心情和好方法	
		2.订立契约：建立开放、安全的场域（1分钟）	为了让我们的旅程能更加愉快，我们一起签订一份课堂契约，共同遵守。 积极参与、坦诚开放、保密尊重 大家准备好了吗？咱们的旅程开始了。	积极关注
		3.暖身活动：《小鸡恰恰舞》——激发兴趣（3分钟）	分组跟着视频学跳《小鸡恰恰舞》 限定时间跟跳，教师全程一起跳。 结束后采访：在舞蹈活动中，你有什么感受？你的心理发生了哪些变化？ 教师小结：在刚刚的过程中，大家时而开心，时而紧张，时而懊恼，时而还有没跟上的烦躁，我们或多或少都发生了一些心理变化。对于这种变化，有的同学感受强烈，有的同学没什么感觉。为什么会有这些反应呢？这是因为游戏中我们的心理平衡处于动态变化中	激发兴趣 提升专注力
（二）心理测试：我的“心理平衡器”（17分钟）	按照危机干预平衡/失衡模式第一步“紊乱平衡”，一方面引导学生思考关注自己目前的身心状态，另一方面为后续复测做铺垫。	初识“心理平衡器”（2分钟）	教师：心理平衡是什么呢？（抽问） 心理平衡是指内心世界的和谐状态（PPT出示） 教师：在每个人心里都有一个“心理平衡器”，时刻运转，帮助我们维持内心世界的和谐，请大家拿出座位上的“心理平衡器图卡”（图形见附件1的图2-3）。 （1）看到图卡你有什么想法？ （2）除了这六个方面（身体、饮食、睡眠、情绪、行为、兴趣），你有没有想要添加的项目？	积极赋义 自我关注

续 表

活动过程				
环节	目标	流程	参考话术	积极心理学理念
（二）心理测试：我的“心理平衡器”（17分钟）	筛查有抑郁症状和自杀自伤风险的学生	“心理平衡器”自检（8分钟）	教师：“心理平衡器”对于我们维持良好的身心状态非常重要，那大家想不想知道自己的“平衡器”运行是否良好？有没有哪一方面需要提升或减弱？咱们今天特别幸运，有一次现场自检的机会。机会只有一次，大家真实、坦诚地填写问卷就可以了，本次自检结果遵循保密原则，完成以后如果“平衡器”运行良好，你们将获得一些稳固“心理平衡器”的小方法。过程中如果有问题可以举手，我将走到你身边为你解答。 （现场回答问卷见附件2的表2-4小学生心理健康评定量表MHRSP，用提前设置的问卷星等现场填写问卷）	真诚表达
（三）学会方法	通过活动，按照自我成长的相关理论，让学生学会危机信号的简单识别。	1.自制失衡报警灯（7分钟）	我的“失衡报警灯” 过渡语：刚刚的“平衡器”自检，其实也是咱们更加了解自己的过程。每一个人每天会碰到许多事情，这些事都可能引发心理平衡器发生变化，继而打破咱们的身心平衡状态，致使我们心理失衡。 教师：如何才能让“心理平衡器”运行良好？如何确定心理是否失衡？接下来咱们就通过一个小活动为“心理平衡器”设置一个报警灯，用来提醒我们。 活动规则： （1）分组：4人一个小组； （2）抽签：从六个项目（身体、饮食、睡眠、情绪、行为、兴趣）中抽取一个项目； （3）追踪：用句式：从如（饮食）方面，我发现如（最近一周食欲不振）的相关信号，我要进行报警！	积极体验 自我觉察

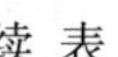

续 表

活动过程				
环节	目标	流程	参考话术	积极心理学理念
	通过现场调查，减轻压力，将面对失衡、遭遇危机正常化，为后续的危机干预做铺垫		（4）分享：说出不一样的信号，并分类贴于黑板上。 教师小结：哇，大家太厉害了，有了这些信号说明，当发现自己处于失衡或别人失衡时，都能及时做出应对。现在，老师要做一个小调查，曾经接收过任意一个信号的同学请点一下头。老师看到全班同学都点头了，看来日常生活中偶尔失衡人人都发生过，这非常正常	
（三）学会方法	通过活动，增强学生能动性，让学生主动探索保持良好心理状态的方法，并学以致用。	2.我给“平衡器”添装备（15分钟）	（1）一根羽毛的平衡：改变观念，激发思想。 过渡：信号是用于咱们平衡器刚开始发生改变的时候，有同学告诉我，他已经心理失衡很久了，不知道如何调整。还有的同学说，失衡的项目好多，做什么都没有用的，还是算了吧。 接下来请欣赏视频《一根羽毛的平衡》 分享：羽毛的重量如何？你有怎样的发现？ （2）自我挑战：为自己的“平衡器”添上“羽毛”。 过渡：人生不会总是风平浪静、一成不变的，总是在高低起伏中前进。科学家认为：开心的笑是最好的平衡武器。请注意一定要是开心的笑哦。请大家听一听： 《小毛驴的故事》 有一天，一头小毛驴不小心掉进一个大土坑里，坑很深，小毛驴惊慌失措，在井里哭泣，自怨自艾。附近的村民发现了小毛驴，他们绞尽脑汁想办法救出驴子，但都没有成功，最终心疼地决定埋了它，以减轻它的痛苦。他们用铲子往坑里填土和石头，驴子刚	

续 表

活动过程				
环节	目标	流程	参考话术	积极心理学理念
（三）学会方法			开始哭得很凄惨，但出人意料的是，一会儿之后这头驴子就安静下来了。村民们好奇地探头往井底一看，出现在眼前的景象令他们大吃一惊，当铲进坑里的泥土落在驴子的背部时，驴子的反应令人称奇——它将泥土抖落在一旁，然后站到被铲进来的泥土堆上面！就这样，驴子将大家铲在它身上的泥土全数抖落在坑底，然后再站上去。很快，这只驴子便顺利地上升到坑口，然后在众人惊讶的表情中快步跑开了！ 挑战：挑战《蝶变蛹》（活动指导语：来，跟着老师一起做一个小游戏——双臂平举，手背相对，双臂交叉，双手交叉，抱在胸前，我们的蛹有啦。翻过来到鼻子两侧，伸出食指，像小触角一样，交叉后贴在鼻子两侧，保持手指尖不离开鼻子，翻转打开，变成蝴蝶啦！）为心理平衡器添上“羽毛”。 给出情境，讨论演练应对。分享：自己在现实生活中应对困境的事例。 （3）问卷调查：完成有效性的测试。 过渡：大家的分享坦诚且温暖，看来大家都自己发现或者从别的同学那里学习到了稳固“心理平衡器”的方法，其实学校也在通过各种活动在带领大家调试平衡器。比如，上学期咱们完成的问卷调查，以及刚刚完成的都是。为了使我们平衡器调试方式更丰富，接下来我们将再进行一次小问卷调查，这可以推动学校心理健康工作的整体改进，大家认真、坦诚地回答就可以，结果也会遵循保密原则不会外泄。（问卷测评，问卷见附件3）	

续 表

活动过程				
环节	目标	流程	参考话术	积极心理学理念
（四）总结收获	让学生带着良好的感觉及对解决心理困扰的信心离开	我的心理状态我做主：分享收获，温暖告别（3分钟）	一句话收获 过渡：回顾今天的活动，在体验中大家一定拿到了属于自己的宝藏，请用一句话分享你此刻的感受和参与活动的收获。	赋予希望 增强应对

表2-2　中小学生团体心理约谈流程（初中版）

主题	我的"安全之地"
设计理念	各校每年对学生进行心理普查之后，提示预警的学生相对较多，全部单独开展个体心理约谈不切实际，因此通过开展团体心理约谈的方式来进行再一次的筛查，提高心理约谈的效率。提示预警的学生一般存在一些焦虑抑郁等情绪，面对学习和生活的挑战时，无法找到好的方法处理或调节自己的状态，严重者会出现自伤自残等危机现象。中学生这个阶段因生理、心理上的变化，自我意识增强，他们的心理韧性正处于发展变化过程中，可引导学生认识心理韧性，增强其挫折承受能力，促进其人格的全面发展
目标	（一）辅导目标 1.认知目标 （1）正确认识心理韧性。 （2）学会以积极乐观的视角看待问题。 2.能力目标 （1）在遭遇生活逆境的时候，能够激活内在资源，积极应对。 （2）在自己无法应对的情况下，学会寻求外界的支持和帮助。 3.态度与情感 （1）相信自己，对生活充满希望。 （2）培养坚韧不拔的信念。 （二）评估目标 采用观察、心理测评和绘画测验的方法，评估学生当下的心理健康状况，以判定是否需要进一步约谈
重、难点	重点：让学生体会到困境与挑战是客观存在的，在生活中遇到困难时有意识地激活内外资源来解决问题。 难点：引导学生转换积极视角，并灵活面对现实生活中的挫折与困难，能够真正做到不惧逆境，向阳而生
对象和课时	普查后提示预警的学生，40分钟

续 表

<table>
<tr><th colspan="5">活动过程</th></tr>
<tr><th>环节</th><th>目标</th><th>流程</th><th>参考话术</th><th>积极心理学理念</th></tr>
<tr><td rowspan="2">（一）开宗明义（12分钟）</td><td rowspan="2">课堂介绍，澄清邀约目的和方式，降低同学们的疑虑，营造轻松愉快的氛围。</td><td>1.建立关系：明确邀约目的和主要内容（2分钟）</td><td>同学们大家好，欢迎来到我们的综合素养活动课。我是××老师，今天我们将会一起进行一场奇妙的自我探索之旅，我会用轻松有趣的活动来帮助大家拥有更好的身心状态，以便同学们在未来能够更好地面对学习和生活的挑战与困难。
我们采取随机抽签的方式决定参与课程的同学。大家幸运地被抽中了，非常开心能和大家一起进行这趟有趣的旅行</td><td>积极赋义
去标签化</td></tr>
<tr><td>2.热身游戏——《乌龟和乌鸦》：激发兴趣（5分钟）</td><td>接下来我们一起来进行一个小游戏，一会儿，我会开始讲《乌龟和乌鸦》的小故事，当你听到“乌龟”的时候，鼓掌。听到“乌鸦”的时候，跺脚。其他时候鼓掌或跺脚算犯规。
【游戏中的故事正文】
示范：森林里的池塘边住着一只小乌龟，他有一双乌溜溜的大眼睛。（非常好，我们再来一次）
森林里的池塘边住着一只小乌鸦，他有一双乌溜溜的大眼睛。有一天，乌龟到池塘边找乌鸦练习唱歌，发现乌鸦很伤心。因为巫师给了他一瓶神水，但水太少，乌鸦喝不到。乌龟安慰乌鸦：“乌鸦乌鸦，开动脑筋，一定可以想到办法。”乌鸦听了，点点头，觉得乌龟说得对，毕竟，巫师总赞美它擅长动脑筋。
乌龟和乌鸦一起想啊想，河边有很多乌黑的小石子，乌龟捡来石子，乌鸦把石子放进瓶子，终于喝到了水。乌龟开心地欢呼：“乌鸦，喝了巫师的水，我们能唱出最好听的歌。”两个好朋友一起唱起了歌：“乌龟和乌鸦，乌鸦和巫师，乌鸦和乌龟，我们都是好朋友……”</td><td>积极关注
提升专注力</td></tr>
</table>

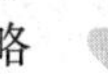

续 表

活动过程				
环节	目标	流程	参考话术	积极心理学理念
（一）开宗明义（12分钟）		3.绘本故事——《三只小猪盖房子》：引入心理韧性（5分钟）	刚才的游戏好玩吗？如果想要有更多的成功和收获是不是需要我们集中注意力？ 让我们一起集中注意力投入接下来的课堂中，下面一起来欣赏一个绘本故事，这个故事也许大家以前都看过，那么今天我们再来看看，会不会有一些不一样的启发呢？ 播放《三只小猪》的故事 问1：视频中讲了什么故事？ 问2：他们房屋的结构有什么特点？ 问3：这对我们的生活有什么启发？ 同学们都非常棒，能够想到房屋的结构不同，牢固程度也不同。那么对于一座房屋而言，如何决定它是否合格呢？ 老师去查阅了一下相关的资料，房屋的主体结构必须具备符合技术要求的强度、韧性和稳定性。而其中的韧性是非常重要的一个指标。在我们成长的过程中，我们就像房屋建筑一样，总会面临风雨，但是当我们的内心足够强大的时候，我们就能更好地面对生活的挑战和困难，即内心的强度、韧性和稳定性越强，我们就越能更好地生活和学习。比如，当我的内心足够强大，我一次考试没有考好，但能迅速调整好自己的状态，让自己能够更好地投入后续的学习中。 这里给同学们介绍一个概念“心理韧性”，就是从逆境、矛盾、失败甚至是积极事件中恢复常态的能力。心理韧性赋予我们三种能力：一种是复原力，一种是坚韧不拔的能力，一种是创伤后的成长力，也叫“反脆弱的能力”。	积极赋义

续 表

活动过程				
环节	目标	流程	参考话术	积极心理学理念
（二）心理测试（5分钟）	筛查有抑郁症状和自杀自伤风险的学生	PHQ-9抑郁症筛查量表（5分钟）	只有了解了我们当下的心理状态，我们才能更好地有针对性地让我们的内心变得更加强大，才能去训练我们的心理韧性。接下来邀请同学们来完成一个关于“心理状态”的问卷。在过去的两周里，你的生活中以下情况出现的频率有多少？根据你的第一感觉作答，主要目的是了解你当下的心理状态，我们会遵循专业的保密原则，你可以放心作答。如果有疑问请举手示意，我会来到你的身边为你解答，不要和他人交流或者影响他人作答	真诚表达
（三）学会方法（18分钟）	改版稳定化技术，给予学生支持，同时引导学生激活内在资源，寻找外在资源。	1.我的“安全之地”（10分钟）	因为时间的关系，咱们的问卷调查环节先到这里。接下来老师会分享一些对大部分人来说都有用的，让我们的内心更强大的一些小方法。刚才我们通过《三只小猪盖房子》的故事，看到因为选择的材质不同，结构不同，房屋对于小猪的“安全感”是不一样的。有的时候，我们身体的“安全”与心理的“安全感”并不一定完全在一起。在我们感到焦虑、恐慌的时候，我们可以做一个“安全之地”的练习，帮助我们平复情绪。即使在平时、睡前或午休的时候，我们也可以做一下这个练习，让我们的心灵有一个自由安全的常驻空间。 指导语：现在，请你闭上眼睛，缓慢地深呼吸，感受这个世界慢慢地静下来了。请你在内心世界里找一找，有没有一个地方，在这里你能够感受到绝对的安全和舒适。 这个地方有可能是一个真实的地方，也许就在你的附近，也许距离你很远。这个地方也有可能只存在于你的想象里，也有可能在宇宙中的任何一个角落。	积极体验挖掘内在资源

续 表

活动过程				
环节	目标	流程	参考话术	积极心理学理念
			无论它在哪里，都是只有你一个人可以随意进入，你可以随时离开，可以随心所欲地布置，也可以按自己的心意设立边界。 别着急，慢慢找，直到我们找到这样一个神奇、安全、舒适、惬意的地方。 接下来请同学们将内心的安全之地画出来，不用考虑绘画技巧，只需要把想象的画面呈现出来即可	
（三）学会方法（18分钟）		2.我的“韧性材料”（5分钟）	我们有哪些“韧性材料”构建了我们的“安全之地”，让我们的内心变得更强大？当我们面临生活的困难和挑战，当我们不如意的时候，我们是如何度过的呢？ 通过刚刚同学们的分享，我们可以看到，同学们自己有一些好的经验分享，比如说，会做一些自己感兴趣的事情，转移注意力，散步，做一些运动，等等；还有的同学会和朋友、同学、老师甚至家人倾诉，他们会给我很多的支持。还有一种方法，其实也是很万能的一种方法，就是当自己不知道怎么办的时候，我们可以请教他人，寻求帮助，这也是强者的行为，也是让我们快速成长的一种方式	激活内在资源 扩展外在资源 支持肯定 完善支持
		3.游戏——连线问题（3分钟）	接下来我们一起来完成一个小游戏——连线游戏，在纸上将3×3的九个圆点，用一笔画四条线，将九个点连起来。画的过程中笔不能离开纸面，所画的线段不能弯曲，若有弯曲则算一条新的线段。 有同学已经做到了吗？你是如何做到的？还没有完成的同学看看其他的同学是怎么做到的。	增强应对 转换视角

续表

活动过程				
环节	目标	流程	参考话术	积极心理学理念
（三）学会方法（18分钟）			大部分的同学都已经做到了，我们一起来看下如何才能做到。（呈现PPT或者黑板展示如何连线，可以邀请学生完成） 通过刚才的练习，我们可以看到，也许一开始我们不太会做，但是通过多次尝试和练习，以及询问那些有经验的人，我们就一定可以做到	
（四）告别收束（5分钟）	让学生带着良好的感觉及对解决心理困扰的信心离开	小结及寄语（5分钟）	接下来，我们一起回顾一下，我们如何才能让我们的内心变得更强大，有什么方法提升我们的心理韧性，让我们更好地面对学习和生活的挑战。 首先，了解我们当下的心理状态，其次，明确想拥有什么样的心理状态，寻找合适的方式并练习，当我们不知道方法的时候寻求他人的帮助和支持。随着我们多次尝试和挑战，我们的心理韧性会得到提升，我们的心理状态会越来越好。 最后送给同学们一句话："稳住生活的你，才不会被生活问住。"希望同学们能够在自己想要的方面，有所突破和成长，成为喜欢的自己	赋予希望

表2-3　中小学生团体心理约谈流程（高中版）

主题	冬奥悦心之旅
设计理念	心理约谈作为中学生心理普查的一个重要环节，对于验证心理筛查结果有着重要的作用，但在学校心理约谈实践过程中，存在约谈学生多、约谈工作量大、约谈师资配备有限的现实矛盾，如何提升心理约谈的质量和效率是一线心理健康教育工作迫切需要解决的问题。本方案探讨了以团体辅导的形式开展心理约谈的方法，以团体心理约谈"四步法"模式，即开宗明义—心理测试—学会方法—告别收束，尝试以结构化易操作的流程进行一对多的访谈评估，以较大程度缓解心理约谈的"供需"矛盾，提升约谈效率，同时该形式容易被预警学生接受，可以减少阻抗，弥补了心理测评的缺陷，使得心理约谈内容丰富多彩，

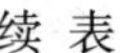

续 表

<table>
<tr><td>设计理念</td><td colspan="4">能让学生在团体心理约谈中释放更多消极情绪，找到朋辈的相互支持，并筛查出危机对象，为下一步一对一心理约谈奠定基础。
本辅导方案以心理普查后预警学生为对象，包括心理问卷筛查得分高且与班主任日常观察结果一致的学生，心理问卷筛查得分低但班主任学科教师或心理委员认为有心理危机的学生。辅导对象来自不同班级，彼此陌生，情况各异，对于团体关系的建立和安全氛围的构建需要着重考量。本方案采用游戏体验、角色扮演、讲故事、打比方等活动建立团体关系，营造安全氛围，帮助学生打破防御、学会积极应对和建立朋辈支持。内容设计基于情绪ABC和心理测量理论，并在辅导过程中，贯穿使用积极心理学、团体心理辅导的理念与方法，给予学生积极关注、肯定和鼓励，帮助他们获得积极体验和团体支持，并采用语言交流和非言语的观察以及心理测量的方法，评估学生当下的心理健康状况，以判定是否需要进一步约谈</td></tr>
<tr><td>目标</td><td colspan="4">（一）辅导目标
1.认知目标：了解心理弹性的概念与情绪ABC理论。
2.能力目标：熟练运用情绪ABC理论，学会积极应对学习生活挑战，掌握提升心理弹性的方法。
3.态度与情感目标：增强积极应对的心理素质，形成乐观向上的生活态度。
（二）评估目标
采用观察和心理测量的方法，评估学生当下的心理健康状况，以判定是否需要进一步约谈</td></tr>
<tr><td>重、难点</td><td colspan="4">重点：掌握提升心理弹性的方法
难点：建立关系，打破防御；帮助学生运用情绪ABC理论，学会自我激励，运用积极视角增强心理弹性</td></tr>
<tr><td>对象和课时</td><td colspan="4">高中，一课时，40分钟</td></tr>
<tr><td colspan="5">活动过程</td></tr>
<tr><td>环节</td><td>目标</td><td>流程</td><td>参考话术</td><td>积极心理学理念</td></tr>
<tr><td>（一）开宗明义（12分钟）</td><td>介绍本次课堂，并以冬奥旅游的方式引发学生兴趣，使学生降低防御，建立良好的关系</td><td>1.建立关系：明确邀约目的和主要内容（2分钟）</td><td>各位同学大家好，欢迎来到悦心之旅。这是一堂综合素养活动课，会用轻松有趣的方式，帮大家提升综合素质。我是××老师，也是大家悦心之旅的导游。我会用轻松有趣的活动，帮你拥有更好的身心状态，让你在面对学习和生活中的挑战和困扰时，能有更多的好心情和好方法。因为是试点课，所以采用随机</td><td>积极赋义
去标签化</td></tr>
</table>

续 表

<table>
<tr><th colspan="5">活动过程</th></tr>
<tr><th>环节</th><th>目标</th><th>流程</th><th>参考话术</th><th>积极心理学理念</th></tr>
<tr><td rowspan="2">（一）开宗明义（12分钟）</td><td></td><td></td><td>抽签的方式来决定学员。在座的各位幸运地被抽中了，欢迎各位和我们一起进行这场有趣的旅程。今天的这趟旅程有一个神秘嘉宾会一直陪伴着我们，他就是来自北京冬奥会的——冰墩墩（播放冰墩墩音乐）。</td><td></td></tr>
<tr><td>通过运动员张××的故事，引入心理弹性的概念，并为问卷测试做铺垫。</td><td>2.激发动机——了解心理弹性（10分钟）</td><td>不知道在这次冬奥会中，你们印象最深刻的运动员是谁？我给大家介绍一位同学们耳熟能详的人物，大家来看看（展示图片），她是谁呢？——张××。
在座有没有同学了解这位运动员？我们一起看看她的人生故事。
张××的人生故事：
① 4岁时父亲去世
② 3岁起练习游泳
③ 5岁想要放弃训练，在母亲的鼓励下平复情绪
11岁因训练量过大，发烧、腹泻，但仍坚持练习
坚持恢复性运动
④ 17岁时发现先天性脊柱侧弯，影响练习
⑤ 坚持练习，23岁获得奥运会冠军
⑥ 18岁参加里约奥运会，因身体原因，仅获得第6名
问1：张××在实现梦想的过程中遇到了哪些挑战和挫折？
问2：面对挑战，张××是怎样应对的？
问3：张××的人生故事对你有什么启发？</td><td>积极关注
积极赋义</td></tr>
</table>

续 表

活动过程				
环节	目标	流程	参考话术	积极心理学理念
（一）开宗明义（12分钟）			我们看到张××在面对人生挑战时，都采用不放弃的态度与积极向上的应对方式。这正是她超强心理弹性的体现。 心理弹性又称为复原力，是指能从挫折中恢复原状，从失败中学习经验，从挑战中获得动力，并相信自己可以克服生活中任何压力和困难的能力。它能让人就像弹簧一样，弹性越强，应对挫折的能力也就越强。	
（二）心理测试（8分钟）	了解心理弹性及心理健康情况	测量心理弹性（8分钟）	大家今天特别幸运，有一次现场自测的机会（“我的心理弹性”）。机会只有一次，需要大家填一个问卷。这个问卷是为了方便大家的自我了解，你们的回答会遵循专业原则予以保密。大家可以放心地按自己的实际情况来填写。大家还有什么疑问，可以提出来，或者悄悄叫我过去解答。但是不要和其他人交流或相互影响	真诚表达
（三）学会方法（18分钟）	通过情景再现引出情绪ABC理论	情绪ABC理论（5分钟）	其实每个人在面对困难时，都有自我复原力与内在的力量。我们了解了自己的心理弹性，那如何提升我们的心理弹性呢? 情景再现：有一天你最好的朋友过生日，你精心去蛋糕店给ta做了一块蛋糕。做好后，你非常开心地提着蛋糕去他家里，走着走着鞋带开了。弯腰系鞋带时，你把蛋糕放在旁边的凳子上。突然，旁边路过了一个人，他一屁股坐在了蛋糕上。这时，你会有什么样的心情? 抬头一看，这个人是个盲人。这时，你又是什么样的心情?	积极体验 挖掘内在资源 增强应对 转换视角

续 表

活动过程				
环节	目标	流程	参考话术	积极心理学理念
（三）学会方法（18分钟）			问：为什么对于同一件事，我们前后会有如此不同的反应？ 其实，影响我们情绪的不是事件本身，而是我们对事件的看法。同样都是蛋糕碎掉这件事，但因为我们前后有不同的看法，所以我们有了不同的情绪变化。这是心理学家艾利斯提出的情绪ABC理论。因此，当我们有负面的情绪时，我们可以尝试从不同的角度思考。 那我们要采用什么的视角来看待我们经历的这些挫折、挑战呢？	
	采用角色扮演活动，帮助学生学会自我激励	自我激励法（8分钟）	角色扮演： 邀请三个同学，一个同学扮演小艾，最近考试成绩出来了，他的成绩下降了很多，他很难过，想着马上就要分科考试了，如果接下来考不到好的成绩就进不了好班，压力非常大。 一个同学扮演抱怨先生，对小艾说这四句话： 为什么这件事发生在我的身上？我实在是太没有用了。这已经是无法改变的事实了。算了，考差了就考差了，大不了就不学了，反正还有其他出路。 一个同学扮演弹性先生，对小艾说另外四句话： 这件事能教给我什么呢？我下次怎么样做能做得更好？我可以改变的是什么？下次，我可以做得更好的是什么？ 问：如果你是小艾同学，两种对话带给你的感受有何不同？弹性先生的话有什么特点？ 我们在弹性先生的话语中感受到了被激励的能量，能让我们更积极地应对挑战，这正是“自我激励式对话”，它让我们把注意力放在积极可控的方面，给了我们更多的力量。	挖掘内在资源

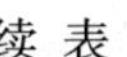

续 表

活动过程				
环节	目标	流程	参考话术	积极心理学理念
			练习：接下来，请大家回忆一次自己亲身经历的挫折，用自我激励式的对话回应它	
（三）学会方法（18分钟）	通过游戏体验的方式帮助学生了解反复练习对于熟练运用方法的重要性，从而帮助学生掌握提升心理弹性的方法	多加练习（5分钟）	有的同学可能会说，我知道了改变想法就能改变我对事情的反应和结果，但是我想不出不同的想法和反应，不知道怎么才能带来更好的结果。怎么办？看看接下来的游戏会给你什么样的启发。 接下来的小游戏叫“蛹变蝶”。来跟着老师一起做：双臂平举，手背相对，双臂交叉，双手交叉，抱在胸前，我们的蛹有啦。翻过来到鼻子两侧，伸出食指，像小触角一样，交叉后贴在鼻子两侧，保持手指尖不离开鼻子，翻转打开，变成蝴蝶啦！ 问：你是怎么做到的？ 找到了方法，不断进行练习。最后就做到了。因此，没有做不到或改变不了的事。只要找到对的方法，多练习。回顾一下你曾经不会或做不到，但后来做到了的事，是不是都是这样的？比如解几何题、写作文，当我们不会的时候，我们可能曾经觉得好难啊，学不会吧，做不成吧，后来慢慢找到方法，多练习，就做到了。 那不知道方法的时候怎么办呢？怎么才能找到方法呢？ 寻求他人的帮助。可以向有经验的人请教，如老师、同学、家长、书、网络，都可以帮我们找到更多的经验和方法，来提升自己的心理弹性。 假如你现在还没有做到不是因为你不行，只是暂时没做到，只是因为你还没找到合适的方法。以后不要说“我不会、我做不到”，要改成“我暂时还不	扩展外在资源 支持肯定 完善支持

续 表

活动过程				
环节	目标	流程	参考话术	积极心理学理念
（三）学会方法（18分钟）			会，我暂时做不到”。再想想蛹变蝶的游戏，你只要去找方法、多练习，就一定可以做到	
（四）告别收束（2分钟）	总结并升华本堂课内容	让学生带着良好的感觉及对解决心理困扰的信心离开	我们来回顾一下，怎么才能提升我们的心理弹性。首先，我们要了解自己的心理弹性，然后寻找合适的方法，掌握情绪ABC理论，学会自我激励并且多加练习，或者请教、借鉴其他人的经验。 非常感谢大家。我们这节课到这里就要结束了。最后，希望大家记住蛹变蝶的这个游戏，相信自己能做到自己想做的，成为自己想成为的人。祝福每个人都能在想要的方面，破茧成蝶，成为喜欢的自己	赋予希望

附件1：

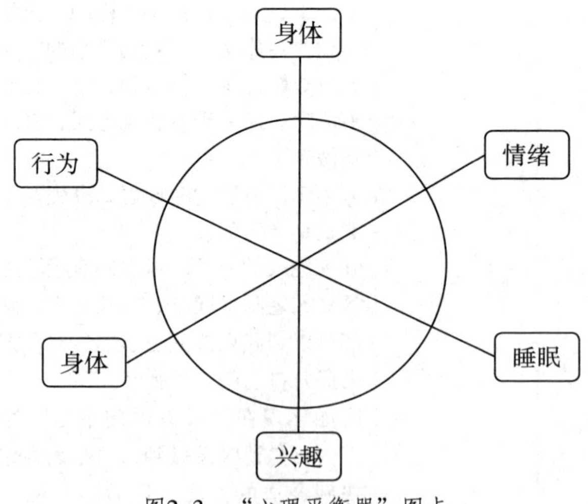

图2-3　“心理平衡器”图卡

附件2：

表2-4　小学生心理健康评定量表（MHRSP）

1.测量目的

综合评定小学生心理健康，探讨小学生学习适应性、情绪稳定性、社会适应性及行为习惯等方面。

2.测量说明

心理健康是个体的心理活动处于正常状态，即认知正常、情感协调、意志健全、个性完整和适应良好，能够充分发挥自身的最大潜能，以适应生活、学习、工作和社会环境的发展与变化的需要。小学生的心理健康问题主要集中在厌学方面，与同学、家长教师关系紧张，情绪波动较大，容易被激怒，等等。该量表能够对小学生心理健康状态的情况进行测评。

3.量表简介

《小学生心理健康评定量表》（MHRSP）是由心理学工作者和小学教师协同研发出来的，对筛选、诊断小学生的心理健康问题有一定的成效。量表由8部分组成，共80个题目，每10个项目组成一个分量表，它们分别用英文字母A、B、C、D、E、F、G、H表示。A——学习障碍；B——情绪障碍；C——性格缺陷；D——社会适应障碍；E——品德缺陷；F——不良习惯；G——行为障碍；H——特种障碍。

小学生心理健康评定量表（MHRSP）（内容）

班级：　　　　姓名：　　　　性别：　　　　年龄：

填表说明：这是一份有关小学生心理健康状况的评定量表。希望您能如实地加以填写。在您正式填写之前，请将答卷纸正文前有关概况的项目填好，注意不要遗漏。请您仔细阅读量表中的每一道题目，然后根据实际情况，在答案纸的相应题号后面，按照“经常、偶尔、没有”三个等级打钩（√）。

感谢您的合作！！

题目			
1.不能正确认识字母或拼读音节	经常（　）	偶尔（　）	没有（　）
2.不能正确辨认汉字	经常（　）	偶尔（　）	没有（　）
3.不懂得数的大小和序列关系	经常（　）	偶尔（　）	没有（　）
4.计算困难	经常（　）	偶尔（　）	没有（　）
5.绘画时定位不准，涂色不合规范	经常（　）	偶尔（　）	没有（　）
6.图画作品中有前后、左右位置颠倒的现象	经常（　）	偶尔（　）	没有（　）
7.一提起学习就心烦意乱	经常（　）	偶尔（　）	没有（　）
8.课堂讨论或与家长谈论学习问题时不感兴趣	经常（　）	偶尔（　）	没有（　）
9.不能按时交作业或作业质量差	经常（　）	偶尔（　）	没有（　）
10.考试不及格	经常（　）	偶尔（　）	没有（　）
11.遇到一点儿小事也担忧	经常（　）	偶尔（　）	没有（　）
12.心神不定，坐立不安	经常（　）	偶尔（　）	没有（　）
13.食欲不振，心慌气促	经常（　）	偶尔（　）	没有（　）
14.头痛、失眠、汗多、尿频	经常（　）	偶尔（　）	没有（　）

续表

15.害怕上学，多方逃避	经常（　）	偶尔（　）	没有（　）
16.不敢独自出家门	经常（　）	偶尔（　）	没有（　）
17.一人独处时恐慌害怕	经常（　）	偶尔（　）	没有（　）
18.无缘无故地闷闷不乐	经常（　）	偶尔（　）	没有（　）
19.精力下降，活动减少	经常（　）	偶尔（　）	没有（　）
20.受到重大刺激不激动、不流泪	经常（　）	偶尔（　）	没有（　）
21.心胸狭窄，猜疑	经常（　）	偶尔（　）	没有（　）
22.依赖他人	经常（　）	偶尔（　）	没有（　）
23.妒忌他人	经常（　）	偶尔（　）	没有（　）
24.胆怯、害羞	经常（　）	偶尔（　）	没有（　）
25.自卑、自责	经常（　）	偶尔（　）	没有（　）
26.遇事犹豫不决	经常（　）	偶尔（　）	没有（　）
27.固执、任性	经常（　）	偶尔（　）	没有（　）
28.容易发火	经常（　）	偶尔（　）	没有（　）
29.孤僻、不合群	经常（　）	偶尔（　）	没有（　）
30.与人对立	经常（　）	偶尔（　）	没有（　）
31.交新朋友困难	经常（　）	偶尔（　）	没有（　）
32.在集体场合适应困难	经常（　）	偶尔（　）	没有（　）
33.自我中心，不遵守集体规则	经常（　）	偶尔（　）	没有（　）
34.不能融洽地与同学相处	经常（　）	偶尔（　）	没有（　）
35.与教师或家长发生冲突	经常（　）	偶尔（　）	没有（　）
36.被别人误解后耿耿于怀	经常（　）	偶尔（　）	没有（　）
37.不能和常人一样地与异性交往	经常（　）	偶尔（　）	没有（　）
38.受到挫折后反应过分强烈或压抑	经常（　）	偶尔（　）	没有（　）
39.容易闯祸	经常（　）	偶尔（　）	没有（　）
40.面对新环境（迁居、转学等）适应困难	经常（　）	偶尔（　）	没有（　）
41.骂人	经常（　）	偶尔（　）	没有（　）
42.搞恶作剧	经常（　）	偶尔（　）	没有（　）
43.起哄，无理取闹	经常（　）	偶尔（　）	没有（　）
44.打架斗殴	经常（　）	偶尔（　）	没有（　）
45.故意破坏	经常（　）	偶尔（　）	没有（　）
46.考试作弊	经常（　）	偶尔（　）	没有（　）
47.说谎	经常（　）	偶尔（　）	没有（　）
48.偷窃	经常（　）	偶尔（　）	没有（　）
49.逃学	经常（　）	偶尔（　）	没有（　）
50.离家出走	经常（　）	偶尔（　）	没有（　）
51.习惯性眨眼	经常（　）	偶尔（　）	没有（　）

续 表

52.习惯性皱眉或皱额	经常（　　）偶尔（　　）没有（　　）
53.习惯性努嘴或嗅鼻	经常（　　）偶尔（　　）没有（　　）
54.习惯性点头或摇头	经常（　　）偶尔（　　）没有（　　）
55.习惯性吞咽或打嗝	经常（　　）偶尔（　　）没有（　　）
56.习惯性咳嗽	经常（　　）偶尔（　　）没有（　　）
57.习惯性耸肩	经常（　　）偶尔（　　）没有（　　）
58.吸吮手指、嘴嚼衣服或其他物品	经常（　　）偶尔（　　）没有（　　）
59.咬指甲	经常（　　）偶尔（　　）没有（　　）
60.吸烟或饮酒	经常（　　）偶尔（　　）没有（　　）
61.反复数课本或其他图书上人物的数目	经常（　　）偶尔（　　）没有（　　）
62.反复检查作业是否做对了	经常（　　）偶尔（　　）没有（　　）
63.睡觉前反复检查个人的衣服鞋袜是否放整齐了	经常（　　）偶尔（　　）没有（　　）
64.一天洗手十几次，每次持续十几分钟	经常（　　）偶尔（　　）没有（　　）
65.注意力不集中，做事有头无尾	经常（　　）偶尔（　　）没有（　　）
66.上课时小动作多，干扰他人	经常（　　）偶尔（　　）没有（　　）
67.不合场合，特别好动	经常（　　）偶尔（　　）没有（　　）
68.做作业时边做边玩	经常（　　）偶尔（　　）没有（　　）
69.好冲动、行动鲁莽	经常（　　）偶尔（　　）没有（　　）
70.不知危险，好伤人或自伤	经常（　　）偶尔（　　）没有（　　）
71.尿床	经常（　　）偶尔（　　）没有（　　）
72.口吃	经常（　　）偶尔（　　）没有（　　）
73.好沉默不语，甚至长时间一言不发	经常（　　）偶尔（　　）没有（　　）
74.入睡困难	经常（　　）偶尔（　　）没有（　　）
75.睡觉不安稳，好讲梦话	经常（　　）偶尔（　　）没有（　　）
76.睡觉时好磨牙	经常（　　）偶尔（　　）没有（　　）
77.睡觉中突然哭喊、惊叫	经常（　　）偶尔（　　）没有（　　）
78.睡觉中突然起床活动，醒后对此无记忆	经常（　　）偶尔（　　）没有（　　）
79.厌食、偏食或拒食	经常（　　）偶尔（　　）没有（　　）
80.身体无病却反复呕吐	经常（　　）偶尔（　　）没有（　　）
计分标准：《小学生心理健康评定量表（MHRSP）》采用三点计分模式，即选择“没有”计0分，选择“偶尔”计1分，选择“经常”计2分。将各个分量表项目的分数分别累加，即可得到量表的合计分数。若一个量表的合计分数达到10分或10分以上，一般可以认为存在该方面的心理健康问题	

附件3：

小学团体约谈方案测试问卷

同学，你好！

我们还希望能了解一下上次你在做《中小学生成长与发展状况调查问卷》（所有同学一起去机房做问卷那次）时的感受和想法，以便于对这个问卷调查项目进行优化和改进，你的真实反馈对我们非常重要，请花几分钟时间按照你当时真实的感受进行回答，非常感谢！

1. 上次你填写整个问卷花的时间比大多数同学都要少，你是如何在这么短的时间就做完整个问卷的？（多选题）

（1）我平时做题的速度就比很多同学都快

（2）我不是特别理解题目的意思

（3）我不是很想填这类问卷

（4）我没有太看题目就勾选了答案

2. 做问卷的时候，有多大比例的题目意思你是完全理解的？

全部不理解0%　　25%　　50%　　75%　　100%全部理解

3. 当时有多大比例的题目，你是根据自己的实际情况如实选择答案的？

全部不是0%　　25%　　50%　　75%　　100%全部都是

4. 做问卷那天，你的情绪状态是否与大多数时候一样？

完全不一样0%　　25%　　50%　　75%　　100%完全一样

那你做问卷那天的情绪状态是比平时好还是比平时差？（单选题）

（1）好于平时　　好多少：______%

（2）比平时差　　差多少：______%

5. 从上次做问卷到现在，你认为你的情绪状态有多大程度的变化？

完全没变化0%　　25%　　50%　　75%　　100%完全不一样

从上次做问卷到现在，你的情绪状态是变好了还是变差了？（单选题）

（1）变好了　　好多少：______%

（2）变差了　　差多少：______%

第二节 个体心理约谈操作流程及评估要点

在第二轮团体心理约谈之后，对仍然提示预警的学生开展第三轮的个体心理约谈，心理教师主动邀约这部分学生，进行一对一面谈，时间一般20~30分钟。约谈人员通过结构化的操作流程，与学生进行谈话，根据学生的反应和回应，初步评估学生当下的心理健康状况，以判定是否需要进一步干预。

从积极心理学的视角出发，个体心理约谈过程中要关注学生的积极情绪、积极认知，肯定其优秀品质，给予学生肯定、鼓励和支持，激发其内在潜力，引导学生关注积极环境，养成乐观的心态、积极的认知方式和积极的应对方式。除了帮助处在困境中的学生走出“问题”之外，还赋予“问题”一种积极的力量，即在解决问题的同时，促进学生向着提升生活质量和个人发展的积极方向前进。

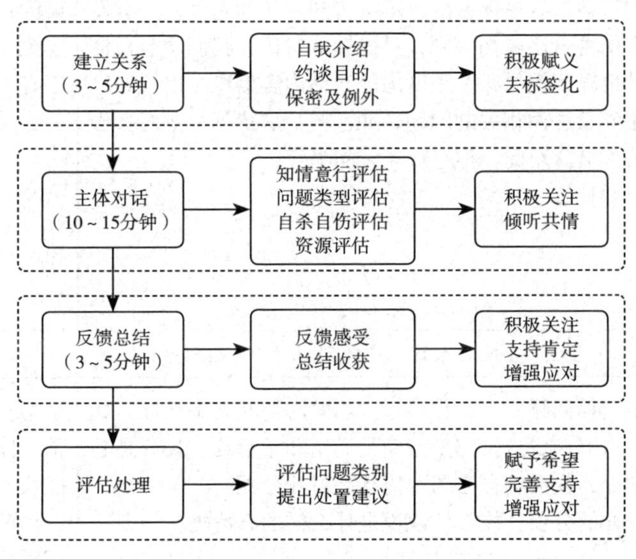

图2-4 个体心理约谈操作流程图

一、中小学生心理普测/复检后个体约谈实操流程

中小学生心理普测/复检后个体约谈实操流程见表2–5。

表2–5　中小学生心理普测/复检后个体约谈实操流程

<table>
<tr><td colspan="3">学校：　　班级：　　姓名：　　性别：　　年龄：
班主任：　　日期：　　时长：　　病史：　　约谈人员：</td></tr>
<tr><td>类别</td><td>约谈内容</td><td>初步评估</td></tr>
<tr><td colspan="3">A第一环节：建立关系【3～5分钟】</td></tr>
<tr><td>A1：自我介绍</td><td>1.××同学，你好，谢谢你能按我们约定的时间准时来到这里，我是×××。这学期我们做了一次关于学习和生活的小调查，你还有印象吗？
2.我们每一年都会在全校开展常规的心理普查工作，之后我们都会随机邀请一部分同学来进行面对面的交流，目的是了解你现在的状态，帮助你更好地学习和生活。我们会谈的时间大约是20～30分钟。交流中，你有任何不舒服的情况出现，可以直接告诉我，我们可以暂停对话。
记录：（初印象）</td><td>关系建立初步评估：
□非常好
□较好
□一般
□较差
□非常差</td></tr>
<tr><td>A2：保密原则</td><td>我们的谈话内容是保密的，不会告知家长和老师，只有发现你有伤害自己或伤害别人可能性的时候，我们才会在你知情的情况下提供必要限度内的谈话内容信息，以及如果谈话中涉及法律相关的问题，如性侵、虐待等，我们会告知相关人员。对此，你有什么疑问吗？
记录：</td><td>疑问：
□无
□有</td></tr>
<tr><td colspan="3">B第二环节：主体对话【10～15分钟】</td></tr>
<tr><td>B1：情绪状态</td><td>我想邀请你回顾一下，你最近两周的心情状态怎么样。如果用1～10分来进行评分，1分是心情非常糟糕，10分是心情非常好，你会给自己的心情状态打几分呢？
给出这样的分值，能具体说说是什么样的心情吗？</td><td>情绪自评：____分
情绪体验：
□快乐　□悲伤
□愤怒　□恐惧
□厌恶　□惊奇</td></tr>
</table>

续 表

B1：情绪状态	（①开心快乐②比较愉悦平静③有点小烦恼④很烦恼、很痛苦⑤愤怒、绝望、抑郁） 记录：	□平静 □烦躁 □绝望 □抑郁 □其他 情绪类别： □积极 □中性 □消极
B2：困扰事件	发生了什么，让你有这样的心情呢？ 记录：	困惑类别： □情绪问题 □压力管理问题 □学习问题 □行为问题 □同伴关系问题 □亲子关系问题 □校园霸凌 □适应问题 □青春期心理问题 □性心理问题 □危机问题 □创伤事件 □其他
B3：困扰程度	这些困扰给你带来不舒服的感觉，已经持续多久了？ 记录：	持续时间： □<2个月 □2～6个月 □>6个月
	你的学习、生活、人际交往等方面受到影响了吗？ （①没有②有一点③一般④较多⑤非常多） 记录：	社会功能： □基本不受影响 □轻度受损 □中度受损 □重度受损
	你对生活中其他的事也会产生类似不舒服的感觉吗？ （①没有②偶尔③一般④较多⑤很多） 记录：	是否泛化： □未泛化 □出现泛化 □严重泛化

续 表

B4：生理状态	身体健康：最近有没有生病？有没有哪里经常不舒服？ 饮食：最近食欲怎样？有没有减退或者暴饮暴食？ 睡眠：最近你的睡眠状态怎么样？通常什么时候睡，什么时候醒？ 记录：	生理状态： □非常好 □较好 □一般 □较差 □非常差
B5：认知状态	1.最近你的记忆力怎么样？ 2.做事情注意力能够集中吗？ 3.有没有过一些特别的经历？比如看到或者听到一些别人察觉不到的画面或者声音？ 记录：	认知评估： 感知觉： 注意： 记忆： 思维：
B6：感知应对	在生活中，你会因为担心别人议论自己或者评判自己而感到烦心吗？ 记录：	敏感性： □不敏感 □有一点敏感 □一般 □比较敏感 □非常敏感
	我们在生活中可能会有不如意的时候，当你非常难受、非常郁闷的时候，你会做些什么呢？（会发脾气、摔东西吗？会伤害自己吗？） 记录：	冲动性： □不冲动 □有点冲动 □一般 □比较冲动 □非常冲动
B7：风险评估	有时我们会在电视或者网络上看到自杀事件，你是怎么看待的呢？ 记录：	自杀态度： □排斥 □有点排斥 □矛盾 □有点接受 □接受

续 表

B7：风险评估	自杀： 你曾经想到过自杀这件事吗？（若回应无，转到自伤；如回应有，继续下列问题） 你想过什么方式吗？ 你尝试过吗？ 你做过计划吗？ 一般什么情况下会产生这样的想法？ 周围的人知道吗？ 你向医院寻求过专业的帮助吗？ 附：自杀自伤评估表（徐凯文） 无 有（低） 有（高） 评估自杀、自伤计划 0 1 2 评估既往相关自杀、自伤经历 0 1 2 评估目前现实压力 0 1 2 评估目前支持资源 2 1 0 临床诊断 0 1 2 记录：	自杀意念：（方式） □从来没有 □偶尔有 □经常有 □一直有 □尝试过 自杀计划： □无□有 刺激因素： 徐凯文自杀自伤评估：____分 自杀风险： □低（0～2） □中（3～4） □高（5～10）
	自伤： 你有过伤害自己的行为吗？ 一般是什么方式呢？ 现在还有吗？ 频率如何？ 为什么会想到伤害自己呢？ 记录：	自伤： □无□有 频率： □低（1次/月） □中（1次/周） □高（1次/天） 自伤缘由：
B8：资源评估	面对这些困难 ①最难的时候你是怎么度过的？你做了什么让自己好一些？（寻找内在资源：积极情绪、积极品质、积极视角） ②在学习和生活中，你觉得有哪些人/事物能够给到你支持和帮助？（丰富外在资源，了解同伴、亲子、师生关系） 记录：	内在资源： □非常好□较好 □一般 □较差□非常差 外在资源： □非常好□较好 □一般 □较差□非常差

续 表

<table>
<tr><td colspan="3">C第三环节：反馈总结【3～5分钟】</td></tr>
<tr><td>C1：总结反馈</td><td>时间快到了，对于这次谈话，你有什么感受？或者有没有什么问题想要问我？
记录：</td><td>问题：
□无
□有________</td></tr>
<tr><td>C2：打破保密</td><td>（备选）若交谈中出现需要突破保密的部分，与学生进行核实和解释，打消疑虑。“在我们今天的谈话中，你提到了××（如自杀自伤），这部分的内容是需要突破保密的，我会与你的家长和班主任进行沟通，目的是共同帮助你去更好地面对那些困难，你有什么担心吗？”
注意：对于有自杀自伤风险的学生，引导其找到希望感，再与其约定一个“承诺”（引导填写安全承诺书，给资源），即在无法消除自杀念头时能及时向身边的人求助，引导学生找到可利用的社会支持力量，降低自杀风险。如果情况严重，需要及时启动学校心理危机干预机制。
记录：</td><td>突破保密：
□是
□否</td></tr>
<tr><td colspan="3">D第四环节：评估处理</td></tr>
<tr><td>D1：评估意见</td><td>1.无心理危机：无须给予特别的关注，班主任将学生纳入常规管理，开展相关的班级心理班会课；心理教师通过心理健康课程及丰富多彩的心理活动等进一步培养学生积极向上的心理品质，激发其心理潜能。
2.一般预警（一般心理危机）：班主任关注学生日常心理状态，制定干预方案并进行辅导；心理教师协助班主任开展心理疏导；心理委员提供同伴心理互助支持，及时了解这类学生的情绪行为变化，若有异常及时上报。
3.重点预警（严重心理危机）：班主任需定期与学生进行心理谈话，召开班科联系会指导科任教师进行课堂管理，并动员宿管老师、班级心理委员等关注学生的情绪和行为，发现异常需及时上报；同时，与家长交流学生心理健康状况，并对家庭教育工作进行指导，寄宿学校学生应办理走读。心理教师应当充分开展个体、团体心理辅导，</td><td>□无心理危机
□一般心理危机（一般心理问题）
□严重心理危机（严重心理问题）
□重大心理危机（精神病、神经症）</td></tr>
</table>

续 表

D1：评估意见	同时通过班主任联系家长到校，告知风险，签订家长告知书，建议接受专业机构诊断与治疗，并将诊断报告书复印交由心理健康辅导中心存档。 4.特别预警（重大心理危机）：由学校组织心理危机干预团队开展工作。学校举行多方会谈，告知家长学生心理危机情况及可能发生的危机，形成记录，签订家长告知书。建议家长将学生转介至精神卫生医疗机构进行诊断，并定期跟踪，动态管理。学生返校或不同意转介坚持在校就读，签署“家长知情同意书”	
D2：处置要点	1.咨询师在约谈结束之后填写个体心理约谈记录表格。 2.会谈中有保密例外的情况，学生填写安全责任承诺书，复印一份之后，一式两份学校签章，联系班主任、家长签字，一份留在心理健康中心保管，一份家长保管；同时填写家长告知书，请班主任发给家长签字返回，或约见面谈签署。 3.若需转介，填写中小学高危学生个案转介报告。 4.重点预警与特别预警的学生若就诊后返校或不同意转介坚持在校就读，请家长到校签署知情同意书并存档	咨询师： □个体约谈记录表 □中小学生心理约谈台账 □中小学高危学生个案转介报告 学生： □安全责任承诺书 家长： □家长告知书 □家长知情同意书 □多方会谈记录表
D3：汇报工作	将个体心理约谈的情况整理汇总并向行政领导汇报沟通	

二、个体心理约谈评估要点及处置参考

在个体心理约谈过程中，需要参考并结合心理普查和团体心理约谈的数据，收集了解学生的基本信息，对学生的心理问题进行类型判别，同时在约谈中要进行自杀自伤评估，并根据实际情况签署相关的文书。最后根据约谈结果进行分类处置，但需注意的是个体心理约谈只针对学生近两周心理状态做评估，学生后续变化请密切追踪随访，切勿给学生贴标签。

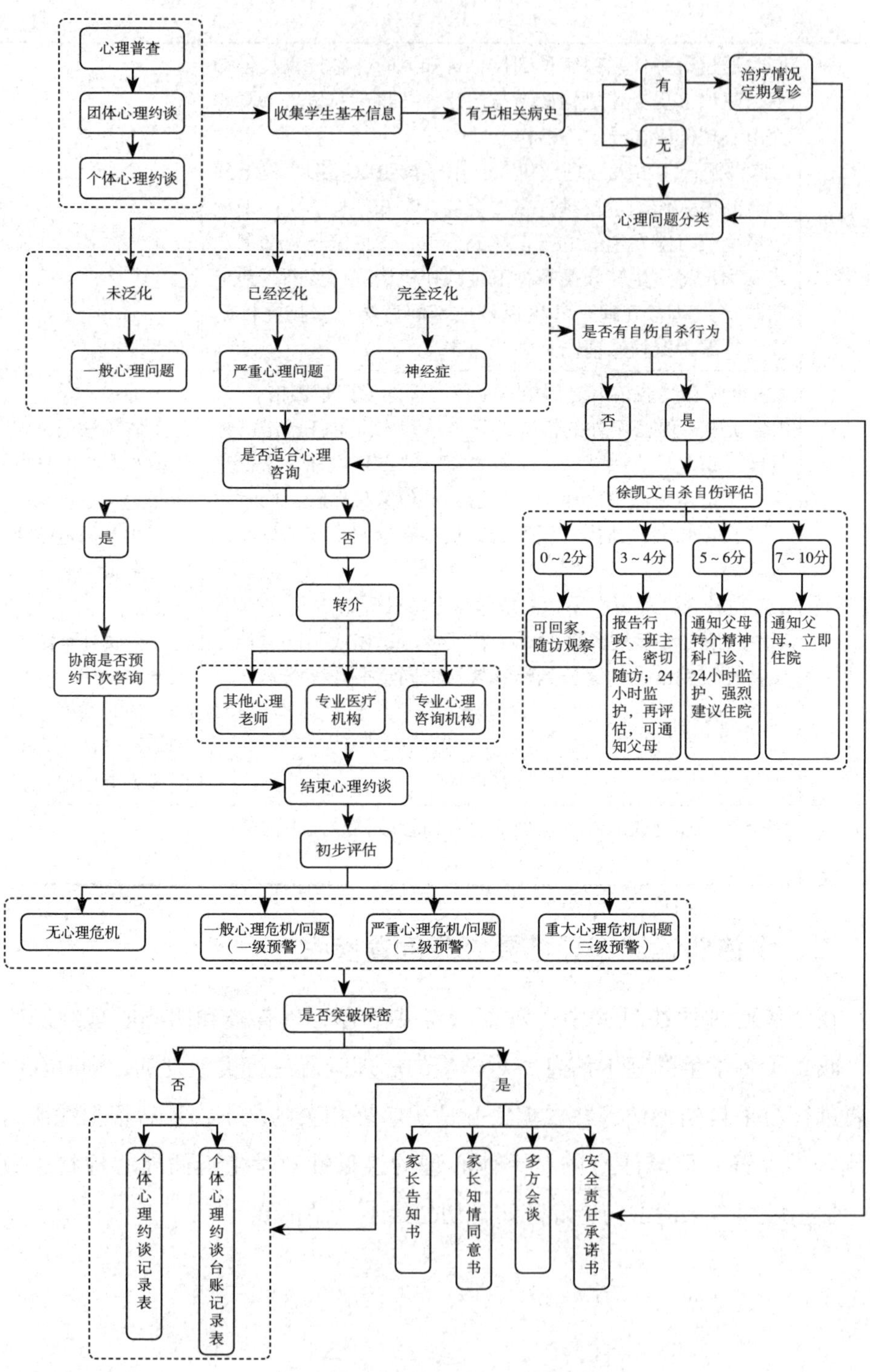

图2-5　个体心理约谈评估要点及处置参考图

（一）心理问题分类

心理危机分类及刺激事件泛化程度见图2–6、图2–7：

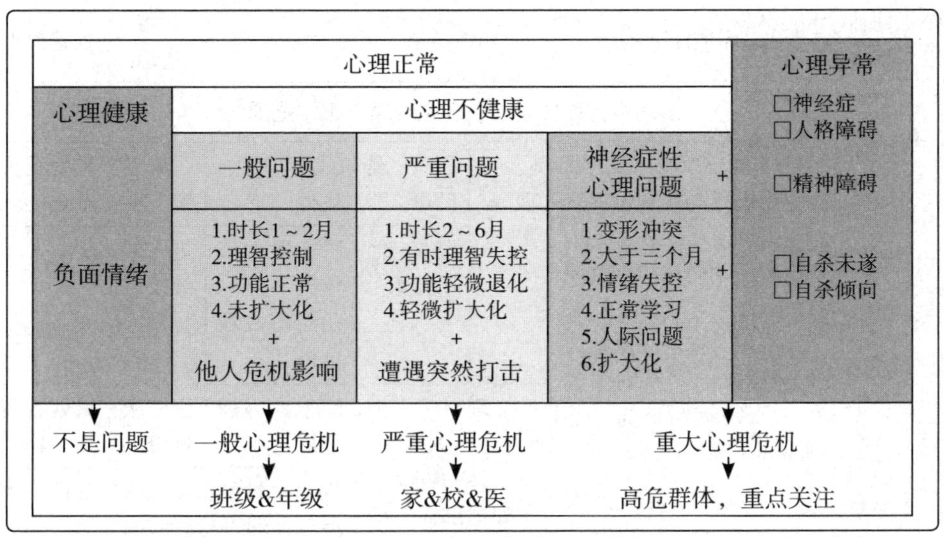

图2–6　心理危机分类图

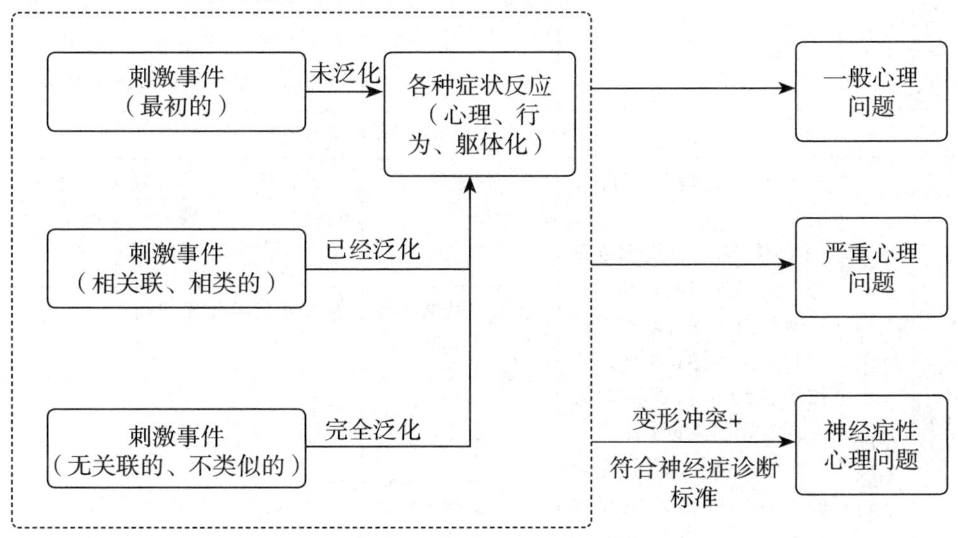

图2–7　刺激事件泛化程度图

（二）中小学生心理普测/复检后个体约谈评估及初步处置

中小学生心理普测/复检后个体约谈评估及初步处置记录表见表2–6。

表2-6　中小学生心理普测/复检后个体约谈评估及初步处置记录表

<table>
<tr><td colspan="8">学校：　　班级：　　姓名：　　性别：　　年龄：
班主任：　　日期：　　时长：　　病史：　　约谈人员：</td></tr>
<tr><th>序号</th><th>评估项目</th><th>评估标准</th><th colspan="2">初评结果</th><th>危机类别</th><th>预警等级</th><th>处置要点</th></tr>
<tr><td colspan="8">A第一步：评估学生心理是否属于正常范围</td></tr>
<tr><td rowspan="4">A1</td><td rowspan="4">心理正常VS心理异常</td><td rowspan="4">病与非病三原则：
1.主观世界与客观世界统一性原则。
2.心理活动内在协调性原则。
3.人格相对稳定性原则。
（违背以上三原则中的一个原则都判定为“心理异常”）</td><td rowspan="2">□心理正常</td><td>□心理健康</td><td>□无心理危机</td><td>□无预警</td><td>见处置要点（1）</td></tr>
<tr><td>□心理不健康</td><td>□一般心理危机
□严重心理危机</td><td colspan="2">进入第二步继续评估</td></tr>
<tr><td colspan="2" rowspan="2">□心理异常［神经症、人格障碍、精神障碍（如抑郁症、精神分裂症、躁狂症、双相情感障碍等）］</td><td>□重大心理危机</td><td>□三级预警</td><td>见处置要点（4）</td></tr>
<tr><td colspan="3">科普：神经症具有6个共性（不持久性即多持续时间短暂、受个性素质影响、心理冲突更多、没有器质性病变、自知力完整），人格障碍参照美国DSM-5标准分为十大类。自知力是神经症和人格障碍、精神障碍的区分标准。</td></tr>
<tr><td colspan="8">B第二步：评估学生心理是否属于健康范围</td></tr>
<tr><td rowspan="3">B1</td><td rowspan="3">心理健康VS心理不健康</td><td rowspan="3">三标准（心理学家许又新）：
1.体验标准：自我感觉良好，恰当的自我评价。
2.操作标准：能完成符合自己年龄的学习、工作等并能达到满意的效果，人际关系良好。
3.发展标准：有理想有目标，且可以把理想和目标实现，让自身得以发展。
（符合上述三个标准为心理健康）</td><td colspan="2">□心理健康</td><td>□无心理危机</td><td>□无预警</td><td>见处置要点（1）</td></tr>
<tr><td rowspan="2">□心理不健康</td><td>普通心理问题</td><td colspan="3" rowspan="2">进入第三步继续评估</td></tr>
<tr><td>神经症性心理问题</td></tr>
</table>

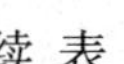

续 表

<table>
<tr><td colspan="7">C第三步：评估学生心理是否属于神经症性心理问题范围</td></tr>
<tr><td rowspan="3">C1</td><td rowspan="3">一般严重心理问题VS神经症性心理问题</td><td rowspan="3">冲突类型：
1.常形冲突：①涉及现实生活的重大事件；②带有明显的道德色彩；
2.变形冲突：①涉及生活中无关紧要的小事，别人往往无法理解；②它的内容与道德无关。
（冲突类型为常形冲突则为普通心理问题，如为变形冲突，则该生可能为神经症性心理问题，继续使用评分表打分，具体见附件1《许又新教授神经症评分标准表》）</td><td rowspan="2">□“普通”心理问题</td><td>□一般心理问题</td><td colspan="2" rowspan="2">进入第四步
继续评估</td></tr>
<tr><td>□严重心理问题</td></tr>
<tr><td>□神经症性心理问题（按照附件1评分表评分）</td><td>□重大心理危机</td><td>□三级预警</td><td>见处置要点（4）</td></tr>
<tr><td colspan="7">D第四步：评估学生心理问题严重程度</td></tr>
<tr><td rowspan="3">D1</td><td rowspan="3">一般心理问题VS严重心理问题</td><td rowspan="3">是否泛化：
①如果未泛化，无论问题持续时间多久、严重程度如何，都判断为一般心理问题（一般心理危机）。
②如果已经泛化，无论问题持续时间多久、严重程度如何，都判断为严重心理问题（严重心理危机）。
③如果完全泛化，且心理冲突性质已经变形、符合神经症诊断标准，都判断为神经症（重大心理危机）</td><td>□一般心理问题</td><td>□一般心理危机</td><td>□一级预警</td><td>处置要点（2）</td></tr>
<tr><td>□严重心理问题</td><td>□严重心理危机</td><td>□二级预警</td><td>处置要点（3）</td></tr>
<tr><td>□神经症性心理问题</td><td>□重大心理危机</td><td>□三级预警</td><td>处置要点（4）</td></tr>
</table>

续 表

<table>
<tr><th colspan="7">E第五步：其他危机情况评估</th></tr>
<tr><td rowspan="3">E1</td><td rowspan="3">自杀、自伤评估</td><td rowspan="3">徐凯文自杀自伤评估表<table><tr><td>评估项</td><td>无</td><td>有（低）</td><td>有（高）</td></tr><tr><td>评估自杀、自伤计划</td><td>0</td><td>1</td><td>2</td></tr><tr><td>评估既往相关自杀、自伤经历</td><td>0</td><td>1</td><td>2</td></tr><tr><td>评估目前现实压力</td><td>0</td><td>1</td><td>2</td></tr><tr><td>评估目前支持资源</td><td>2</td><td>1</td><td>0</td></tr><tr><td>临床诊断</td><td>0</td><td>1</td><td>2</td></tr></table></td><td>□0～2分低风险</td><td>□一般心理危机</td><td>□一级预警</td><td>处置要点（2）</td></tr>
<tr><td>□3～4分中风险</td><td>□严重心理危机</td><td>□二级预警</td><td>处置要点（3）</td></tr>
<tr><td>□5～10分高风险（自杀倾向、自杀未遂）</td><td>□重大心理危机</td><td>□三级预警</td><td>处置要点（4）</td></tr>
<tr><td rowspan="2">E2</td><td rowspan="2">日常关注重点</td><td>①因情感受挫、人际关系失调、学习困难、适应困难等出现轻微心理或行为异常的学生；②由于身边的同学出现心理危机状况而受到影响，产生恐慌、担心、焦虑、困扰的学生，如自杀或他杀者的同宿舍、同班的学生等（他人危机影响）</td><td>有以上两种情况的学生和心理普查和心理辅导中发现有一般心理问题学生同属于一般心理危机对象</td><td>□一般心理危机</td><td>□一级预警</td><td>处置要点（2）</td></tr>
<tr><td>学习或生活中遭遇突然打击而出现明显的情绪行为异常的学生。例如：近期家庭生活中出现重大变故（如亲人死亡、父母离异、家庭暴力等）；遭遇突发性创伤或刺激（如自然灾害、校园暴力、车祸等）；重大考试或事件（比赛、竞赛、评比等）出现严重失败；与同学、教师、父母等发生严重人际（甚至肢体）冲突等，导致明显的情绪行为异常</td><td>注意：该类学生如果得不到及时有效的心理辅导，也可能会转变成重大心理危机学生。重大心理危机学生一旦出现危机事件，对学生和学校的影响将是巨大的</td><td>□严重心理危机</td><td>□二级预警</td><td>处置要点（3）</td></tr>
</table>

续 表

F第六步：理清处置要点			
F1	处置建议	处置要点（1） ——无预警（无心理危机） □无需特别关注 □班级常规管理 □班主任开展心理班会 □心理教师心理课 □学校开展丰富心理活动	心理辅导员 □约谈评估处置记录表
		处置要点（2） ——一般预警（一般心理危机） □班主任日常关注，制定干预方案并进行辅导 □心理教师协助班主任开展心理疏导 □班级心理委员主动互助支持 □启动班级预警，心理委员或其他学生发现异常及时上报	心理辅导员 □约谈评估处置记录表 班主任 □班级学生情况日常观察日志 □班级相关主题班会课方案
		处置要点（3） ——重点预警（严重心理危机） □班主任与学生定期谈话 □班级召开班科教师联系会注重课堂管理 □班级心理委员、宿管老师积极关注，发现异常立即上报 □寄宿学生转为走读 □心理教师（对学生个辅、班级团辅；针对家长签订“家长告知书”、建议学生接受专业诊断和治疗；指导亲子沟通，收集资料归档） □联系家长带孩子就诊，改进亲子关系	心理辅导员 □个体、团体辅导记录 班主任 □定期谈话记录 □班科教师联系会议记录 □家庭教育指导记录 心理委员 □班级学生情况日常观察日志 家长 □家长告知书 □家长知情同意书 学校 □走读手续办理
		处置要点（4） ——特别预警（重大心理危机） □学校启动三级预警机制 □学校心理危机干预团队开展工作 □学校组织召开多方会谈（会谈记录、家长告知书、转介报告、危机档案、定期追踪材料等心理中心存档） □要求学生住院治疗，动态管理	心理辅导员 □约谈评估处置记录表 □中小学生心理约谈台账 □中小学高危学生个案转介报告（一式两份，学校、家长各留存一份） 学生 □安全责任承诺书（一式三份，学校、学生、家长各留存一份） 家长

续表

F1	处置建议	□学生返校或者不同意转介，坚持在校的，学校与家长签署家长知情同意书 □接纳重新回校的学生，复学评估，咨询辅导，班级接纳支持	□家长告知书（一式两份，学校、家长各留存一份） □家长知情同意书（一式两份，学校、家长各留存一份） □多方会谈记录表

三、个体心理约谈使用工具

（一）安全责任承诺书

安全责任承诺书见表2-7。

表2-7　安全责任承诺书

填表日期：　　年　　月　　日

<table>
<tr><td>姓名</td><td></td><td>性别</td><td>□男　□女</td><td>出生日期</td><td>年　月　日</td></tr>
<tr><td>班级</td><td></td><td>年龄</td><td colspan="3"></td></tr>
<tr><td>联系方式</td><td colspan="2"></td><td>家庭地址</td><td colspan="2"></td></tr>
<tr><td colspan="6">我对自己目前的心理问题和严重程度有所了解，但仍希望继续留校读书。我与辅导老师约定，自今日起，会好好爱惜自己，无论在怎样的情况下，我都不会做出伤害自己或他人的行为。但是如果发现自己情绪低落，很难控制自杀念头、冲动行为或伤害他人的想法，我会立刻打电话给心理教师、班主任、家人、朋友或同学，或直接前往学校心理辅导中心或班主任办公室，以寻求帮助。若无法联系到心理教师或班主任，我也会及时拨打危机干预热线请求协助。我清楚我的自伤（伤人）行为将会造成咨询必须中断的结果。一旦我有自伤（伤人）的行为，学校将立刻启动危机个案紧急处理系统——通知我的班主任及家长。
班主任姓名：　　　　电话：
家长姓名：　　　　电话：
若我想自我伤害，我会先联系：
1.姓名：　　　关系：　　　电话：
2.姓名：　　　关系：　　　电话：
3.姓名：　　　关系：　　　电话：
※补充信息：24小时危机干预热线
紧急情况下　　119
希望24小时热线（全国）　4001619995
成都市24小时心理援助　　028-96008
成都市中小学心理健康教育中心　　028-962028
立约人：
校心理辅导中心（盖章）：
立约时间：　　年　　月　　日　时　分</td></tr>
</table>

（二）约谈记录与评价

个体心理约谈记录表、评估表见表2–8、表2–9。

表2–8　个体心理约谈记录表

班级		姓名		性别	□男　□女	年龄	
一、初步评估 1.问题类型： □无心理危机　□一般预警（一般心理危机） □重点预警（严重心理危机）　□特别预警（重大心理危机） 2.是否属于心理危机个案：□是　□否 3.心理困惑类别：（可多选） □情绪问题　□压力管理问题　□学习问题　□行为问题　□同伴关系问题 □亲子关系　□校园霸凌　□适应问题　□青春期心理问题　□性心理问题 □危机问题　□创伤事件　□其他 4.自杀（自伤）风险： 初步评估：□低　□中　□高 是否转介：□是　□否							
二、基本情况描述（情绪、生理、认知、行为、风险评估、资源等） 情绪：自述　近2周自评：________分 情绪体验：□快乐　□悲伤　□愤怒　□恐惧　□厌恶　□惊奇　□平静　□烦躁 □绝望　□抑郁　□其他 情绪类别：□积极　□中性　□消极 具体困扰事件： 困扰程度： 持续时间： 社会功能受损程度：□基本不受影响　□轻度受损　□中度受损　□重度受损 是否泛化：□未泛化　□出现泛化　□严重泛化 生理：□非常好　□较好　□一般　□较差　□非常差 认知： 感知觉： 注意： 记忆： 思维： 感知应对： 敏感性：□不敏感　□有一点敏感　□一般　□比较敏感　□非常敏感 冲动性：□不冲动　□有点冲动　□一般　□比较冲动　□非常冲动 风险评估： 自杀态度：□排斥　□有点排斥　□矛盾　□有点接受　□接受							

续 表

自杀意念：□从来没有 □偶尔有 □经常有 □一直有 □尝试过 自杀计划：□无 □有 刺激因素： 自伤：□无 □有 频率：□低（1次/月） □中（1次/周） □高（1次/天） 自伤缘由： 资源： 是否突破保密：□是 □否

表2-9 个体心理约谈评估及处置表

无心理危机： □无需特别关注 □班级常规管理 □班主任开展心理班会 □心理教师开展心理课 □学校开展丰富心理活动
一般预警（一般心理危机）： □班主任日常关注，制定干预方案并进行辅导 □心理教师协助班主任开展心理疏导 □班级心理委员主动互助支持 □启动班级预警，心理委员或其他学生发现异常及时上报
重点预警（严重心理危机）： □班主任与学生定期谈话 □班级召开班科教师联系会注重课堂管理 □班级心理委员、宿管老师积极关注，发现异常立即上报 □寄宿学生转为走读 □心理教师（对学生个辅、班级团辅；针对家长签订家长告知书、建议学生接受专业诊断和治疗；指导亲子沟通；收集资料归档） □联系家长带孩子就诊，并改善亲子关系
特别预警（重大心理危机） □学校启动三级预警机制 □学校心理危机干预团队开展工作 □学校组织召开多方会谈（会谈记录、家长告知书、转介报告、危机档案、定期追踪材料等心理中心存档） □要求学生住院治疗，动态管理 □学生返校或者不同意转介坚持在校的，学校跟家长签署家长知情同意书
说明：本次约谈结果仅针对学生近2周心理状态做评估，学生后续变化请密切追踪随访。

约谈日期： 约谈时长： 约谈人员：

填表日期： 年 月 日

（三）中小学生心理约谈台账

中小学生心理约谈台账见表2-10。

表 2-10　中小学生心理约谈台账

填表日期：　　　　填表人：　　　　联系电话：

序号	学校	年级班级	姓名	性别	普查问题类型	约谈日期	是否完成心理约谈记录	约谈评估困惑类别	约谈评估危机类型	是否签署安全承诺书	是否进行多方会谈并形成记录	是否发放心理健康状况告家长书	是否签署家长知情同意书	是否转介专业机构进行治疗	诊断结果（若有）	是否接受学校心理辅导	返校复课是否评估并记录	是否制定返校后干预方案

续 表

备注：

普查问题类型：1– 适应良好；2– 适应问题；3– 严重问题；4– 危机问题。

困惑类别包括：情绪问题；压力管理问题；学习问题；行为问题；同伴关系问题；亲子关系问题；校园霸凌；适应问题；青春期心理问题；性心理问题；创伤事件。

其他危机类型：0– 无心理危机；1– 一般心理危机；2– 严重心理危机；3– 重大心理危机。

本次约谈结果仅针对学生近 2 周心理状态做评估，学生后续变化请密切追踪随访。

附件：

表2-11　许又新教授神经症评分标准表

<table>
<tr><td>标准和分析</td><td>程度</td><td>1分</td><td>2分</td><td>3分</td></tr>
<tr><td rowspan="3">评分标准</td><td>病程</td><td>不到三个月为短程</td><td>三个月到一年为中程</td><td>一年以上为长程</td></tr>
<tr><td>精神痛苦程度</td><td>轻度者病人自己可以主动摆脱</td><td>中度者病人自己摆脱不了，须靠别人的帮助或处境的改变才能摆脱</td><td>重度病人几乎完全无法摆脱</td></tr>
<tr><td>社会功能</td><td>能照常工作学习或者工作学习以及人际交往只有轻微妨碍</td><td>中度社会功能受损，工作学习或人际交往效率显著下降，不得不减轻工作或改变工作或只能部分工作，或某些社交场合不得不尽量避免</td><td>重度社会功能受损，完全不能工作学习，不得不休病假或推卸，或某些必要的社会交往完全回避</td></tr>
<tr><td rowspan="4">分数解释</td><td colspan="2" rowspan="4">如果总分为3，可以认为不够诊断为神经症；
如果总分为4～5分为可疑病例，需进一步观察确诊；
如果总分不小于6分，神经症的诊断是可以成立的；
需要说明的是，对精神痛苦和社会功能的评定，至少要考虑近三个月的情况才行，评定涉及的时间太短是不可靠的</td><td>症状学标准</td><td>强迫症状、焦虑症状、恐怖症状</td></tr>
<tr><td>病程标准</td><td>3个月；一个例外是，惊恐障碍标准为1个月</td></tr>
<tr><td>严重程度标准</td><td>主观方面：痛苦情绪，内心痛苦
客观方面：社会功能，无法上班、上学，无法工作、学习、生活</td></tr>
<tr><td>排除标准</td><td>一是排除器质性精神障碍；
二是排除严重精神障碍；
三是排除精神活性物质所致的精神障碍</td></tr>
</table>

第三节　中小学生心理约谈过程中的常见问题及应对策略

心理约谈作为中小学生心理普查的一个重要环节，对于检验心理普查结果有重要作用。中小学心理教师在心理约谈实践过程中遇到了一些常见问题，我们从实际操作出发，进行了讨论和思考，提出了如下对策和建议。

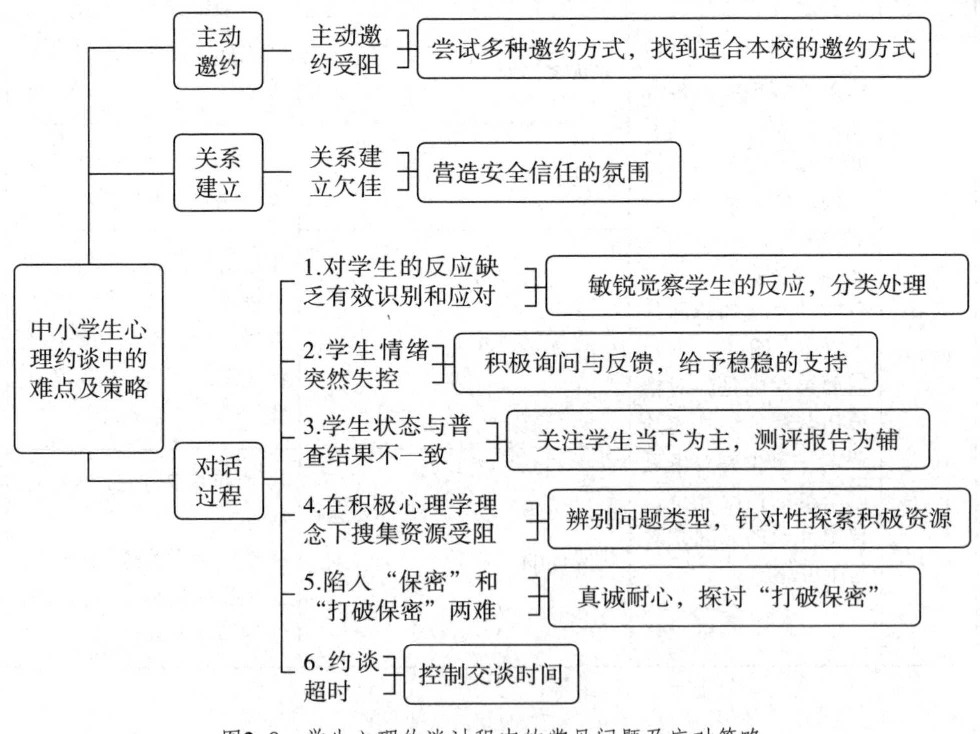

图2-8　学生心理约谈过程中的常见问题及应对策略

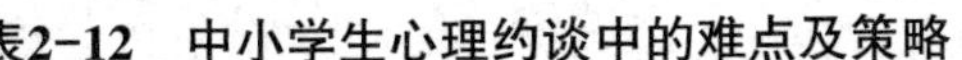
表2-12　中小学生心理约谈中的难点及策略

	难点	策略
主动邀约	主动邀约受阻	探索高效的邀约方式
	1. 邀请函邀约效率不高 目前对中学生邀约的方式主要是发送邀请函，通过班主任私下告知学生，并强调保密。学生同意约谈，将回执单交给心理老师。在实践过程中发现，基本上学生没有把回执单提前交给心理老师；当老师在约定时间地点等待时，有的学生能够按时赴约，有的学生不来也没有任何回信；另外大部分学生会迟到，影响后续约谈的进度；有的学生约谈多次才能见面，以致造成时间和人力资源的浪费。 2. 面对面邀约造成的压力 有的老师把学生叫出来，当面进行邀约，有时候避免不了当着其他学生的面，会让学生感觉有压力。	1. 完善邀约方式 尝试多种邀约形式，探索高效的邀约方式。在心理约谈实践过程中，可以尝试发放邀请函，心理委员、心理老师邀约，班主任通知等多种方式，经实践验证发现，把心理约谈放在学校危机评估工作的整体架构中，由行政、心理教师和班主任协同完成，约谈到访和工作效率更有保障。 具体操作如下：首先，学校要成立心理危机评估小组，在校心理危机工作小组指导下开展工作，评估成员由学校分管领导、相关职能部门负责人、心理专（兼）职教师、相关班主任四个部分组成。其次，明确职责和分工，评估小组的职责是评估学生心理危机等级；学校分管领导负责召集小组成员，进行行政指导和组织分工；相关职能部门负责人负责全面掌握学生情况，完成行政备案工作；班主任负责反馈学生日常观察等重要信息，做好学生观察记录，与心理专（兼）职教师进行信息整合，并通知学生参加心理约谈；心理专（兼）职教师负责与学生进行心理约谈面谈，对其进行进一步的解释、测试与访谈工作，并做好危机等级评定和记录工作，最后形成评估报告。 班主任跟学生关系更紧密，邀约工作更有保障，为避免对学生造成不必要压力，可统一设置班主任邀约话术参考模板：“××同学，学校针对学生日常心理状况访谈工作会随机邀请部分同学进行面对面交流，主要的目的是想了解下大家最近的适应情况，大概需要 20 分钟左右，请你在 ×× 时间，准时到达咨询室。”在邀请的言语和态度上要真诚、温和、礼貌且坚定，这有助于提升学生的配合程度。对于有疑虑和担心的学生要耐心解释。 2. 持续关注未参与约谈的学生 有时，通过各种尝试和努力，也不能保证所有邀约学生都能接受并参加心理约谈。这部分学生需要心理教师与班主任进行沟通，请班主任及时关注学生的情况，如果测评显示该学生有自杀自伤风险，可与其家人取得联系，告知学校开展常规心理约谈工作，随机邀请该学生进行交流，但是学生拒绝，从测评的结果上看到，学生可能在学习和生活中有一些困扰，需要家人给予更多的陪伴支持和鼓励

续 表

	难点	策略
关系建立	关系建立欠佳	营造安全信任的氛围
	从言语和非言语方面进行观察：有的来访学生表现出抗拒、质疑、拘谨，约谈人员无法贴近来访学生，而来访学生也始终觉得，约谈人员并没有真的听懂自己、理解自己	来访的学生几乎都会想知道自己为何会被邀请过来，因此，在初步接待后，应做简要的情况说明。传递心理约谈是常规化的工作，不代表学生有心理问题。解释约谈目的，强调保密及例外，并询问学生是否还有疑问，如有，对其进行耐心的解答。约谈人员做到真诚、理性、富有同理心，创造尽可能放松、安全的沟通环境，无条件积极接纳，不评判学生的认知或行为等
对话过程	对话过程不畅	敏锐觉察学生的反应，分类处理
	1. 对学生的反应缺乏有效识别和应对	1. 敏锐觉察学生的反应，分类处理
	（1）焦虑型 有的学生对收到心理约谈的邀请感到十分焦虑，担心自己有心理问题，对“随机抽取”的解释仍感到紧张不安，谨慎少言。有的学生会问：“为什么只邀请了我过来？””你不会告诉他们吧？”交谈中眉头紧缩，抖腿，或者不停地玩手	（1）焦虑型学生的处理 若察觉到来访学生比较拘谨，或表现出很焦虑担心，约谈人员要多一点耐心，细心引导。同时参照上述营造安全信任氛围的原则处理。 例如：“在我们交流的过程中，我发现你好像仍然存在一些担心，可以具体说一说吗？”
	（2）沉默型 交流过程中学生状态比较低沉，问到相关问题保持较长时间的沉默甚至一言不发	（2）沉默型学生的处理 学生出现沉默现象的原因较多，对待不同类型的沉默处理不同。 对思考型的沉默。学生若有所思，这时，约谈人员应多一些耐心等待，同时以非言语的方式如微笑、目光、微微点头表示自己的关注、理解和鼓励。此时，不宜打断学生的思考。 对茫然型的沉默。学生一脸茫然，可能是没有听懂，或者不知道如何回应。约谈人员要保持镇静，避免急躁不安的情绪对学生或约谈关系产生影响。尝试用多种技巧引导学生叙述，如“看起来好像你不知道如何回应，可能是我没有表达清楚，其实我想说的是 ××，不知道我说明白了吗？”

续 表

	难点	策略
对话过程		对冲突型的沉默。学生语音语调发生变化，面部表情显示出不悦，肢体动作抗拒，如双手交叉等。学生沉默，有时是产生了某些不良的情绪反应，如气愤、害怕或反抗等。对气愤型沉默，约谈人员要及时发现，帮助学生寻找原因，采取主动和鼓励宣泄的方式。对害怕型沉默，应注意避免提及要害问题，以及做出必要的保证以减轻这种害怕的心理。若是由于约谈人员的不当引起，应主动道歉。若是因误会引起的，应予以解释消除。“抱歉，我刚才说到××，当时没有考虑到你的感受，你一定很生气，对不起，可以原谅我吗？”
	（3）“还好”型 在询问学生关于他们的学习、生活、人际关系、情绪等情况时，通常他们以“差不多”“还好”“较好”“还可以”作回应，交流的信息有限，难以触及他们的内心世界	（3）“还好”型学生的处理 若来访学生一直回应还好，约谈人员可以对关键信息采用具体化的技术。以“何人、何时、何地、有何感觉、有何想法、发生了什么事、如何发生”等问题，帮助学生更具体清楚地描述其问题或看法。比如，当问到“你和朋友之间的关系怎么样？”，学生回应还好，此时可以追问“可以具体说一说吗？你们平常是如何相处的？”
	（4）跑题赘言型 有的学生在交流中滔滔不绝，谈论的话题漫无边际，时常避开自身谈论他人，或漫谈、自说自话，倾诉欲强却回避内心真实体验，回避不愿接触的现实问题试图把约谈人员的注意力转移，以减缓内心的焦虑和痛苦的体验	（4）跑题赘言型学生的处理 防御型多话，话题不停地转移，讲很多话，掩盖真实的问题，无法碰触真实的问题，对约谈人员不够信任，因此重在关系的建立。话术：“我能打断一下吗？我们能回到之前的那个部分吗，就是当你××的时候，发生了什么？”“抱歉，打断你，是因为对我而言，真正理解发生在你身上的事情很重要。”“让我来确认一下我是否理解了你的意思，××，是这样的吗？” 习惯性多言，学生往往会与约谈人员有眼神接触，会用多话与人建立关系，生活中也是如此，比较正常，会主动与约谈人员建立关系，可以适度温和地打断。话术：“我能打断你1分钟吗？我想确认一下我是否理解你在说什么。”“刚开始我们在讨论××，然后你开始描述了你的几个问题，你觉得最让你困惑的事情是什么？是××，××还是××？”“我能打断你一下吗，你能用一句话来描述这个问题吗？”“我能打断一下吗？现在我只是需要对你的××有一个大致的了解，你能用两三句话来描述一下，你这一周的状况吗？总体来说比较好，还是比较差，还是有好有坏？”“很抱歉我又打断你了，我能看出来你

续表

	难点	策略
对话过程		脑子里有很多想法，我也很想听听。你现在还想继续说说你近期的情况吗？”“我能打断你一下吗？我们能它叫作 ××× 的问题吗？” 癔症性多言，来访学生表现出非常夸张、丰富多彩的情绪和表情，滔滔不绝地讲述自己的问题，这种情况，可以在不伤害学生自恋性自我的情况下，让他看到自己在干什么。约谈人员把他的模式呈现给他，让他看到自己在做什么。例如，“这一段你感觉怎么样？你有没有意识到你正在做什么？”，让学生对自己的行为进行检验。 理论交谈，有的学生会和约谈人员讨论他看过的书籍，或者一些理论知识等，可以询问“这件事情和你生活的关系是什么？你的生活有没有什么改变？你希望从这里汲取一些什么营养？可以让你过上什么样的生活？”，从而引起学生和自己的关联
	（5）机械回答型 有的学生对约谈人员的询问，一问一答，言语少且机械平淡，情感比较隔离	（5）机械回答型学生的处理 注重关系建立，降低防御和抵触情绪，运用多种提问的技巧 （6）若交流获取信息有限，可以采用绘画投射测验 可以使用“你觉得了解自己吗？”“你想通过绘画的方式来了解自己吗？”等语言，引发学生对绘画测试的兴趣。 绘画完成之后，对于难理解的部分，可以询问学生为什么要这样画。以引导性、支持性、发展性的解释为主，对学生的绘画作品做积极、适度的解释与探讨，避免进行道德评价或贴上症状标签。 例如，树上的疤提示来访学生的成长经历中可能有创伤性体验，这时，约谈人员可以积极询问来肯定其在成长经历中的努力与付出，如“这一路走来，你经历了很多，好不容易，你用自己的方式面对着生活的压力和挫折，你是如何做到的？”
	2. 学生情绪突然失控	2. 积极询问与反馈，给予稳稳的支持
	在交谈过程中，学生的情绪“开关”被打开，情绪崩溃、大哭等。	当学生情绪失控大哭时，先让对方哭一下，这个时候学生是打开的，是需要倾听陪伴的。哭也是宣泄和自我梳理的过程，一般情况下，约谈人员会让学生尽情地哭泣，不会进行劝阻，但需要在适当的时候进行一些语言上的安抚，

续 表

	难点	策略
对话过程		同时准备好纸巾。此时此刻学生感受到了接纳、包容、中立、共情、积极关注、尊重，是放松的，是安全的，约谈关系是不错的。 除了哭，可能还会有大骂、愤怒。这些都是正常的情绪，它们存在就是因为这个时候需要它们存在。积极的询问与有效的反馈，有助于更好地对学生进行了解和评估
	3. 学生状态与普查结果不一致	3. 关注学生当下为主，测评报告为辅
	通过与学生的交流，发现学生的问题与测评报告中的结果不一致，有的老师不知应该如何判定学生的情况	心理普查之后，心理约谈开展的时间越快，报告的参考价值越大。但学生的心理状态是动态变化的，因此在约谈中可能会发现与测评结果报告不一致的情况。可提前查看普查的报告内容，如果一直问不出什么有效信息，或者感觉学生掩饰或防御性很强，拒绝讲具体内容，或者与普查结果有很大的差别，可以询问："前段时间我们开展了心理普查，我去查看了你的测试结果，感觉情绪状态不是很好，你是怎么看的？"通过让学生表达对测评结果的看法，找到合适的点与学生讨论其心理困惑，并通过交流观察，评估学生表述的可信程度
	4. 在积极心理学理念下搜集资源受阻	4. 辨别问题类型，针对性探索积极资源
	在问到学生自己是如何让自己好一些的，有的同学回应比较简单，或者想不到自己做了什么；认为自己也没有什么好的特点和特质是可以帮助自己的；认为没有什么人可以帮到自己；没有什么是让自己开心的事，甚至也没有重要的他人，自己认为无法从他人那里得到鼓励和支持	当学生无法想到自己有哪些好的资源时，尽量从之前的对话当中去挖掘并呈现出来，让学生有一些积极的体验。但如果发现学生的问题类型可能是属于重大心理危机，疑似神经症，超出学校心理健康教育工作范畴，则不适宜使用积极资源的探索

续 表

	难点	策略
对话过程	5. 陷入“保密”与“打破保密”两难	5. 真诚耐心，探讨“打破保密”
	进行自杀自伤风险评估的时候，有的学生刻意隐瞒，回避讨论，约谈人员无法获得关键信息；对话最后与学生一起探讨突破保密的部分时，学生抵触情绪较大，强烈希望不要突破保密	保密例外指的是，在一些特殊情况下，心理教师可不遵循保密原则。有以下情况：来访学生可能会对自己或者他人造成人身伤害；患有危及生命的传染病；来访学生希望心理教师代其向父母或其他老师传达一些有利于解决所面临问题的信息；咨询中出现了触犯法律的已经超出保密限制的问题，如家暴等。 若处于危急情况，如有自杀未遂或有自杀倾向的学生，则需在确保安全的情况下立即“打破保密”原则；若暂时没有生命危险，则需先了解来访学生的意愿、评估其人际支持系统与资源，结合来访学生后续跟进的情况，再决定是否需要打破保密原则。 在高自杀风险的学生当中，除了精神分裂症等重性精神病性障碍者之外，非精神障碍者是可以通过说服让其接受并认同保密例外的。例如：重度抑郁发作者和严重心理问题的学生。 有的老师对打破保密存在顾虑，担心会因此破坏与学生之间良好的咨访关系。而学生不认同保密例外的主要原因包含怕麻烦父母老师、担心他们不理解自己、污名化与病耻感、对学校和家长的不信任、亲子关系糟糕、对保密例外有误解等
		（1）消除约谈人员自身的顾虑 有的约谈人员对于保密例外的实施，心里会有一点顾虑，担心这会让来访学生不舒服。特别是在突破保密、联系学生家人的时候，有的学生表现出抵触或担心，约谈人员就不确定要不要做。但我们可以思考一下：来访学生为什么会把自杀的想法告诉我们？如果他打定了主意，不想被任何人干扰，他可以不说。他说出来，就是一个求救的信号，代表了他求生的愿望。约谈人员越坚定，就越能帮助来访学生把求生的愿望转化成现实的、行动上的保障。打破保密是在为来访学生的求生欲服务。所以，约谈人员的语气既要温和，也要传递出坚定，多用两个词：“必须”和“现在”。比如：“我必须确保你的安全，我现在就要求助你的家人。”这会让对方感受到，安全是明确的底线，这一点没有商量余地。我们做咨询都喜欢给来访者多一点选择

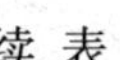

续 表

	难点	策略
对话过程		权，有时候还会请他慢一点做决定。但有危机的时候，来访学生已经处在极度的混乱中，这时候就需要用坚定的语言给他明确的方案，减轻他的混乱感
		（2）选择合适时机正常化处理 选择合适的告知时机可以在一定程度上降低学生的抗拒心理，有利于维护关系。按照“先稳情绪、再举事例”的原则来进行，待对方情绪基本平稳后再引出保密例外内容，当学生表达出担心，要通过共情让学生明白，他的这些顾虑都是正常的，老师也都是可以理解和接受的。可以举一些与学生有相同顾虑，成功“打破保密”之后，效果不错的例子
		（3）针对具体担心预演处理 当学生表达出父母不理解自己，无法帮助自己的时候，需要针对可能的原因和来访学生进行讨论，让他看到与其所想的情况不一样的可能性，让来访学生明白，父母的种种担心或不理解是在他们不了解全部事实的情况下做出的反应，他们或许也不知道自己的这种反应会带来怎样的伤害。 约谈人员需要以自信、坦诚的态度表达自己和班主任会尽全力与家长积极沟通，改变家长的不良态度和方式，得到家长的理解支持，进而降低学生对家长的不信任感。为了让学生信服，约谈人员可以进一步说明与家长沟通的内容，包括：学生遇到了什么难题，需要得到哪些方面的支持，他们可以做的部分是什么，等等。 学校方面的支持可以来自班主任、科任老师、同学、心理老师等，各方面形成合力。明确来自家庭和学校的社会支持既是必要的也是可行的，这样来访学生才能更容易接受保密例外
		（4）告知心理危机干预管理制度 首先，要告知危机干预方式的规定。一般来说，对于严重抑郁发作者，应转介医疗机构就诊，采取药物治疗的方法，症状缓解后辅助心理咨询，对于严重心理问题而非抑郁发作者，应在监护人知情同意并密切监护的基础上配合心理咨询。 其次，要告知学业状态的规定。让其明确不会因为心理问题而被勒令退学

续 表

	难点	策略
对话过程		最后，要告知学生约谈人员的责任。让学生明确当约谈人员发现学生有伤害自身或他人的可能性时，必须实施保密例外。让学生感受到约谈人员的真诚，赢得对方的理解，有利于维护关系
		（5）明确保密例外的范围和内容 除家长之外，学校方面只有心理老师、班主任和某位同学这三个人作为必要知情者。可以和学生进行商讨，他可以自行选择哪位同学作为知情者，其他人员是否可以知情由学生做定。把保密例外的范围最小化，注重保护学生的隐私
		（6）强调“打破保密”的目的意义 要让来访学生知道，打破保密原则最重要也是最根本的目的是扩展他的支持资源，降低他的风险，确保他的安全，以帮助他更好地度过这个有些困难的阶段
	6.约谈超时	6. 控制交谈时间
	约谈中，有时学生滔滔不绝，约谈人员不忍心打断；或是在学生谈论到某些事件的时候，陷入事件中深入讨论，导致超时，影响后续约谈的进度	若关键信息已经搜集到，避免深入到具体事件中讨论。比如当学生说到他亲子关系不好时，约谈人员避免深入询问学生具体发生了什么。可以尝试进行归类总结，对学生进行共情之后询问：“除此之外，还有别的困扰吗？” 实际工作中，学生的情况也是千差万别，超时可能在所难免，注意在约谈过程中学生的感受和体验，以及收集到评估信息是更为重要的
讨论反思	1.注重专业能力提升	心理约谈所面临的问题千差万别，约谈人员要有扎实的专业素养，不断学习，不断提升自己，保持敏锐的觉察力，以便更好地察觉到学生的真实状态和想法并灵活处理当下遇到的问题。
	2.以人为本贯彻始终	注重以来访学生为中心，更好地共情学生的感受。即使遇到难题暂时没有好的办法处理，也可以坦诚与学生进行交流，表达自己希望能够提供力所能及的帮助的意愿，让学生在交流中感受到被关注和支持
	3.自我关怀提升能量	作为约谈人员，面临各种难题时，无法做到完美。我们也需要更多的自我关怀，让自己成为更有能量的人。避免一味地去自我批判，在自我反省的同时还应去客观地宽慰自己：“我已经做得很好了！即使我还有很大的提升的空间，我愿意多给自己一点时间。我会做得越来越好。”

参考文献

[1] 肖宏，晋婧婧，吴诗. 中学生心理普查后心理约谈模式探讨［J］. 中小学心理健康教育，2021（9）：56–58.

[2] 程勤华，周丽玉. 浅论心理预警视角下高职新生心理约谈模式的构建［J］. 职教论坛，2016（14）：18–21.

[3] 浙江省中小学心理健康教育指导中心. 中小学心理危机筛查与干预工作手册［M］. 宁波：宁波出版社，2019：44.

[4] 罗静. 房树人投射测验在心理约谈中的应用［J］. 新西部（理论版），2012（Z6）：179–180.

[5] 王新红，娄俊颖. 中小学校园心理危机干预简明实操手册［M］. 长春：东北师范大学出版社，2019.

[6] 田志鹏，朱佳隽，吴威. “高自杀风险” 大学生认同保密例外的说服策略［J］. 林区教学，2021（2）：93–97.

第三章

心理约谈后工作流程及相关文书

经过心理约谈之后，心理教师根据约谈后学校学生心理危机情况向学校心理危机干预小组领导报告，一般为分管德育副校长或主任，报备重大心理危机和严重心理危机学生，即二、三级预警学生名单，立即开展心理危机干预工作。心理约谈后，针对不同程度的危机问题，采取的处置和应对措施也不同。心理约谈后操作流程如下图：

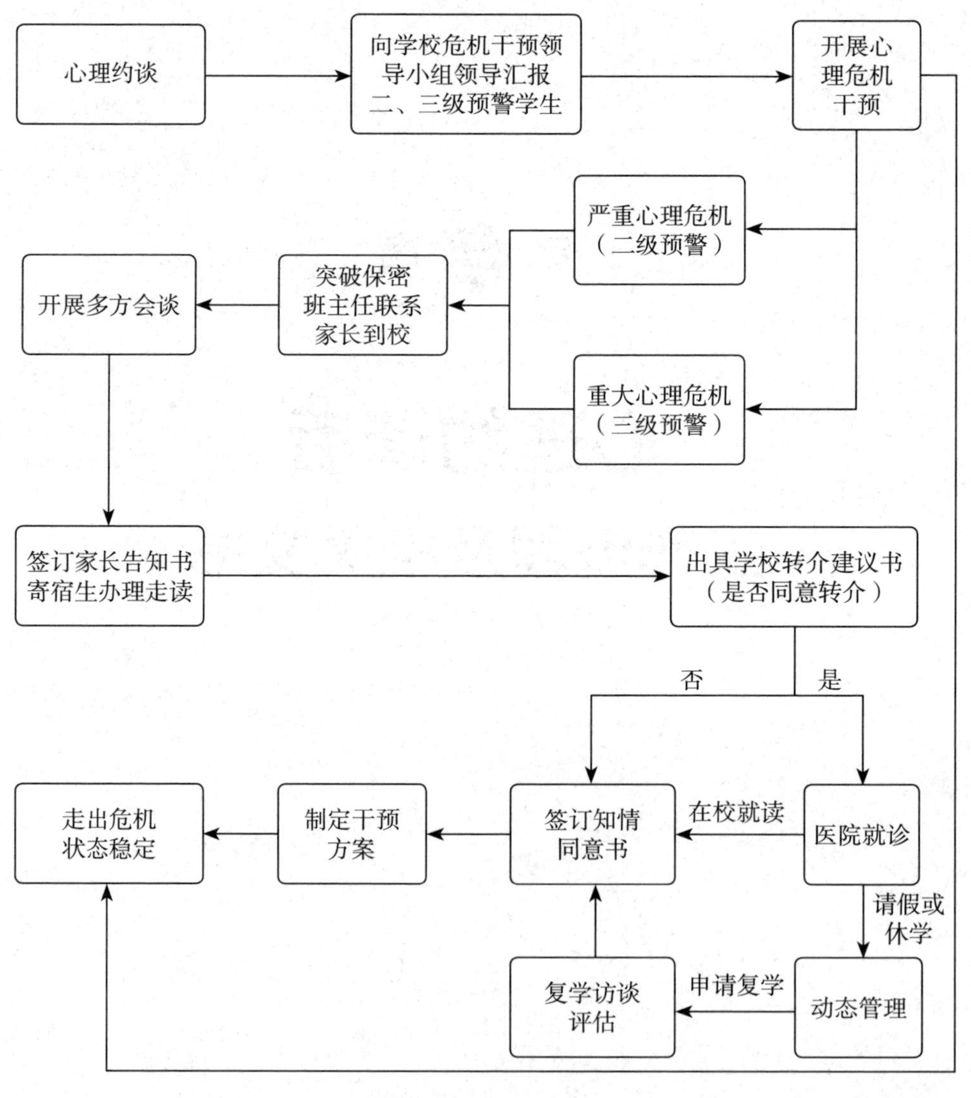

图3–1　心理约谈后操作流程

第一节　心理约谈后工作流程

在日常心理危机干预实践中，当学校心理教师通过心理约谈了解到学生的问题严重程度后将按危机类别进行归类汇总，向学校心理危机干预小组领导报告，一般为分管德育副校长或主任，报备重大心理危机、严重心理危机学生，即二、三级预警学生名单，立即开展心理危机干预工作，心理危机干预完成后需编制心理危机预警库并定期对库中学生进行随访，对心理危机学生进行闭环动态管理。

对不同类别的心理危机学生而言，其危机的紧急程度及危机学生的心理需求各不相同，因此，学校应根据学生心理危机的严重程度分别采取不同的干预措施。

一、无心理危机学生

经过专业评估后确定的无心理危机学生，一般纳入学生的常规管理，无需给予特别的关注，这部分学生通常在自身的积极应对方式下能够摆脱心理危机状态，学校可在日常的学习生活中通过班级心理班会课、心理健康课程及丰富多彩的心理活动等进一步培养其积极向上的心理品质，激发其心理潜能。

表3-1　无心理危机学生应对要点

危机类别	工作主体	应对要点
无心理危机	班主任	纳入班级学生常规管理、开展相关主题班会
	心理教师	通过心理健康课、心理健康活动开发学生心理潜能
	心理委员	开展心理科普，协助班主任及心理教师开展心理活动

二、一般心理危机学生

对于一般心理危机的学生，学校应给予一般关注。这部分学生心理问题出现的时间短，程度相对较轻，通过一定的心理支持与辅导，基本上能够正常学习生活。因此，学校可以由心理老师协助班主任制定干预方案，班主任实施干预方案进行辅导。班主任定期和心理教师交流干预效果，同时在班级中，可由心理委员提供同伴心理互助支持，及时了解这类学生的情绪行为变化，情况恶化时及时上报学校心理辅导中心，由心理老师进行专业疏导。

表3-2　一般心理危机学生应对要点

危机类别	工作主体	应对要点
一般心理危机	班主任	关注学生日常心理状态，注重心理疏导
	心理教师	定期了解，配合班主任开展心理咨询和辅导
	心理委员	日常关注，鼓励其参与心理健康活动

三、严重心理危机学生

严重心理危机的学生通常心理问题出现的时间较长，在自身应对资源帮助下能伴随心理问题继续学习生活，但其心理问题对其社会功能造成了一定程度的损害。针对这类学生，学校应给予重点关注，班主任需定期进行谈话以了解学生近期情绪状态，并召开班科联系会指导科任教师进行课堂管理，以免在课堂中因科任老师不了解学生心理状况而激发学生的心理异常状态。除联系科任教师外，班主任应动员班级心理委员、学生同伴、宿管员及寝室室长等关注学生的情绪和行为，发现异常应及时上报。同时，班主任老师需与家长交流学生心理健康状况，寄宿学生应办理走读，老师对家庭教育方法进行指导。

心理教师针对严重心理危机学生应当充分开展团体、个体心理辅导，对存在自伤、自杀风险的学生与之签订安全责任承诺书，同时通过班主任联系家长到校，告知风险，签订学生心理健康家长告知书，建议接受专业机构诊断与治疗，并将诊断报告书通过班主任交由学校心理辅导中心存档。如果专业机构诊断存在严重心理问题，家长需到校签订家长知情同意书，如专业诊断确认其不能正常学习，可办理休学手续，回家休养治疗。

表3-3　严重心理危机学生应对要点

危机类别	工作主体	应对要点
严重心理危机	班主任	了解学生日常心理状态，指导科任教师课堂管理，联系学生同伴进行关注，配合心理教师开展心理疏导，与家长沟通学生心理健康状况，指导家长家庭教育
	心理教师	开展个体、团体心理辅导，进行多方会谈，超出个人能力范畴的进行转介
	心理委员	联络寝室长协同关注学生心理状态，给予陪伴和支持，危机上报

四、重大心理危机学生

学校应重点警戒重大心理危机学生（疑似患有严重心理障碍或精神分裂症的学生；已确诊患有严重心理障碍的学生；存在中等风险及以上自杀自伤倾向的学生；存在伤害他人意图及行为的学生），这部分学生属于三级预警群体，极易发生心理极端事件。因此，学校的干预措施应具备更强的针对性。

表3-4　重大心理危机学生应对要点

危机类别		工作主体	应对要点
重大心理危机	精神疾病急性发作；中等程度及以上自杀自伤倾向的学生	班主任	联络家长，申请开展多方会谈，协助家长办理请假、休学、走读、复学评估事宜，跟进学生就诊情况，做好学生返校后应对方案
		心理教师	组织多方会谈（预备会议、转介学生、支持家长、签署文书），资料搜集，做好记录
		危机干预小组领导	安排人员监管，参与多方会谈（机动性提供会谈支持）
	实施了自杀行为的学生	班主任	联络家长，安抚班级学生情绪，接待来访家长，配合司法调查，做好学生返校后应对方案（自杀未遂）
		心理教师	开展学生心理危机干预，接待来访家长
		危机干预小组领导	安排人员送医，做好现场保护，配合司法调查，接待来访家长，稳定师生情绪，上报上级部门，发布官方消息

续 表

危机类别		工作主体	应对要点
重大心理危机	有伤害他人意念或行为的学生	班主任	联络家长，申请开展多方会谈，做好学生返校后应对方案
		心理教师	组织多方会谈（预备会议、转介学生、支持家长、签署文书），资料搜集，做好记录
		危机干预小组领导	安排人员监管，参与多方会谈（机动性提供会谈支持）

（1）对处于精神疾病急性发作的学生，或有中等程度及以上自杀自伤倾向的学生，学校应立即采取措施：先由学校安保中心负责立即将该生转移到安全环境，并成立监护小组对该生实行24小时全程监护，确保该生人身安全，立即通知家长到校，学校心理中心须立即对该生的心理状况进行评估。经评估需要专业治疗的，应立即通知家长将该生送至专业精神卫生机构治疗，后续是否住院或在家疗养依据医嘱进行处置。

（2）对实施了自杀行为的学生，要立即报警，同时将学生送到最近的医疗机构实施紧急救治。及时保护、勘查、处理现场，防止事态扩散和对其他学生进行不良刺激，并配合司法部门进行调查取证，心理老师对相关学生进行心理安抚。

对于自杀未遂的学生，经医疗机构专家评估，如住院治疗有利于其心理康复的，通知其家长将学生送至专业精神卫生机构治疗；如回家休息治疗有利于其心理康复的，由家长将其带回家休养治疗。心理老师对相关学生进行心理安抚。同时，学校应及时通报信息，上报上级管理部门，正确应对新闻媒体，防止不恰当报道引发负面影响。

（3）对于有伤害他人意念或行为的学生，由心理教师或班主任及时上报学校危机干预领导小组，立即采取相应措施，保护双方当事人安全。同时学校心理辅导中心需对双方当事人进行心理危机评估，根据评估意见进行后续处理。

另外，在学生心理危机干预的后期措施中要注意的是，针对重大心理危机学生，学校心理辅导中心需协助班主任老师制定干预方案，由危机干预小组领导督查落实。班主任定期和心理教师交流干预效果，并修正干预实践中无效的部分，维护好学生心理稳定状态，确保学生返校后的人身安全。学生因心理问题住院治疗或休学再申请复学时，应向学校提供相关治疗的病历证明，经专业精神卫生机构评估确定病情稳定、学校心理辅导中心评估适宜入学后方可办理复学手续。返校后，寄宿学生一般先建议办理走读，等观察两周，学生情况稳定、适应良好后再办理寄宿。

（4）危机入库，追踪随访。学校完成心理危机干预工作后，心理教师需将心理危机学生纳入心理危机预警等级库，建立电子追踪台账。通过心理委员一周一报，班主任老师一月一谈，并结合心理筛查与心理教师的专业评估，在各个关键时间节点上动态追踪学生的心理状态，形成一人一档，持续关注直到学生渡过心理危机，状态稳定。

第二节　如何进行多方会谈

学校在与家长联系沟通心理高危学生转介事宜时应注意方式方法，应启动多方会谈，并及时做好记录。必要时，可向家长推荐专业的心理治疗机构或提供心理咨询热线。

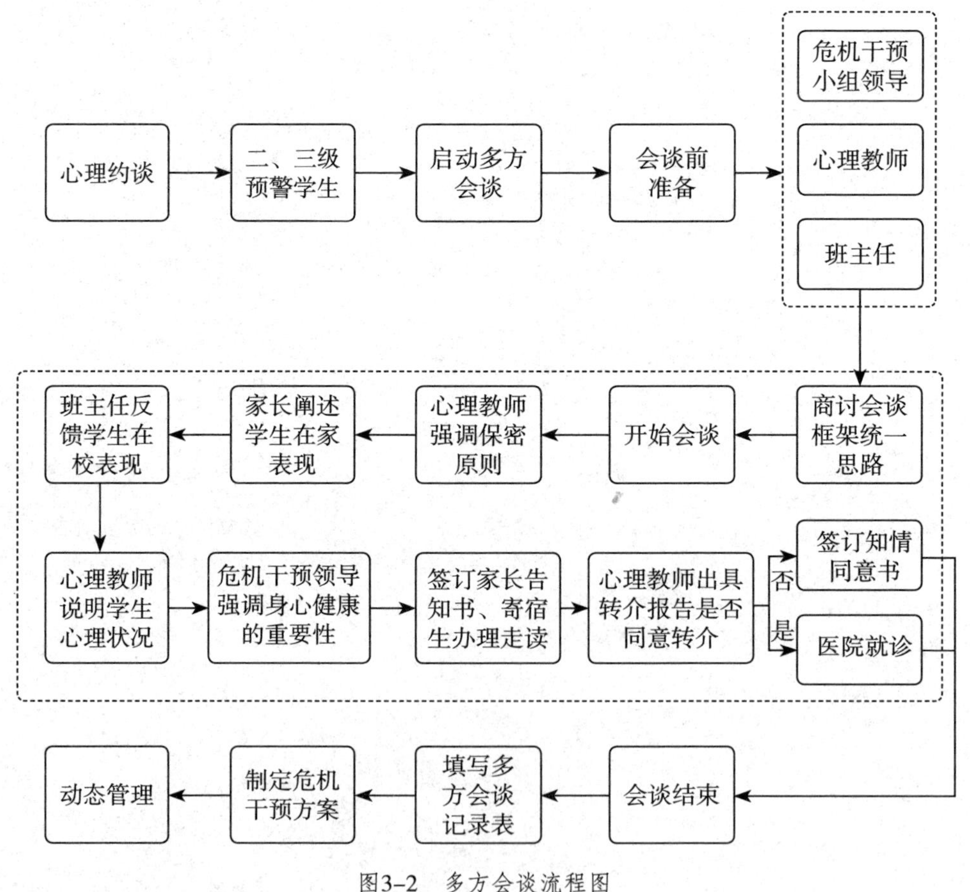

图3–2　多方会谈流程图

一、发现异常，确定高危，联系家长

经过心理约谈评估后，确定为高危状态，即二、三级预警学生，心理老师报备危机干预小组领导后，危机小组领导通知班主任联系家长到校，建议父母双方一同前往学校进行面谈。

二、启动多方会谈

由心理教师或危机干预领导小组领导牵头召开多方会谈，参会人员包括危机干预领导小组领导、心理教师、班主任和学生家长（父母双方）。

三、会谈前准备

心理教师与班主任、年级领导、危机干预领导小组领导之间要在见家长前先开会交流，商讨会谈框架，做到处理思路保持一致。与家长交流过程中，态度要诚恳，让家长感受到学校的专业度和真诚，共同明确家校合作的目的是孩子的健康成长，探讨学校和家长各自的职责和教育优势，帮助孩子更好地应对眼前的困难。

四、开始会谈

心理教师需向家长强调保密原则，明确告知家长孩子的特殊情况学校会予以严格保密。另外，该生毕业后所有相关的心理档案不会带到升学学校，以此消除家长的顾虑。

正式开始会谈后，心理教师、班主任首先邀请家长简要描述孩子在家的表现。在场人员耐心倾听，给予适当的肢体动作或面部表情表示肯定以建立良好的关系。

接着，班主任将学生在校的具体情况表现向家长做详细的反馈，让家长了解掌握孩子的在校情况。

之后，心理教师向家长出示并说明中小学心理危机干预制度与流程，让家长明白所有高危学生一律按照此制度标准统一干预。心理教师从专业的角度详细说明学生目前的心理状况和严重程度，并向家长普及相关心理健康知识，告知家长该生的情况已超出学校心理教师辅导范围，需立刻转介到校外专业医疗机构进行心理治疗。

若是寄宿学校，危机干预领导小组领导需向家长进一步说明，此类学生属于心理高危预警学生，从身心健康与生命安全的角度考虑，不适宜住校，向家长说明走读的必要性，配合班主任做好家长的思想沟通工作，并尽快办理该类学生的走读手续。同时，向家长强调身心健康的重要性，表达家校合作共同为孩子的心理康复而努力的意愿。最后，双方就接下来的干预方案进行积极探讨，家长签署学生心理健康家长告知书（见附件1），寄宿学校的学生办理走读，心理教师填写学生心理问题转介报告（见附件2），告知家长转介。转介生指的是家长在了解清楚情况后能积极配合，将其及时转介至校外专业医疗机构进行诊断治疗的心理高危学生。

同意转介就医的学生，就医后需向校心理辅导中心告知就医情况和诊断结果，并及时报告班主任，心理教师做好记录及相关备案工作。转介后继续就读的学生，家长签订知情同意书（见附件3），心理老师制定危机干预方案。如学生转介后需要住院治疗或无法上学，按照学校学籍管理有关规定，家长需出具医院证明或意见，提交休学申请，在班主任陪同下办理休学手续。教务处、心理辅导中心做好相关记录及备案工作。学校要求家长监督学生治疗期间遵医嘱按时按量服药，若学生服药后出现不良反应，家长需及时当面向主治医生咨询，切不可中途自行停药或停诊。此外，转介期间班主任与家长应继续保持每月一次的联系，真实地反馈该生近段时间的治疗情况和在家表现，直至康复。

对于家长不同意转介就医，仍然要求继续留在学校就读的心理高危学生，家长需签订知情同意书（见附件3）。若是寄宿学校，家长需积极配合班主任办理走读手续，心理老师制定危机干预方案。

五、会谈结束

会谈结束后，所有与会人员的谈话内容须做好详细书面记录，撰写心理高危学生多方会谈记录（见附件4），并请家长在会谈记录签名，备存于心理辅导中心。高危学生不论在校还是转介，心理教师和班主任切记将所有与家长联系的内容做好及时的记录与保存，包括电话联系、QQ或微信（截图）等，制定学生干预方案，进行动态管理。心理约谈后的多方会谈实操流程如下表所示：

表3-5　心理约谈后的多方会谈实操流程

<table>
<tr><td colspan="3">○会谈时间：　　○学生姓名：　　○学生性别：□男　□女
○参会人员：　　○学生班级：　　○学生年龄：
○会谈地点：　　○会谈方式：</td></tr>
<tr><td>类别</td><td>会谈步骤</td><td>备注</td></tr>
<tr><td colspan="3">A第一步骤：明确会谈目的</td></tr>
<tr><td>A1：心理高危学生</td><td>辅导中发现学生有自伤/伤人的念头甚至是行动，涉及生命安全，属于保密例外。
青少年作为未成年人，家长是孩子身心健康的第一责任人。
目的：告知家长学生目前的危机状况，家长以实际行动维护学生的安全，家校共同想办法，从心理层面让学生真正转“危”为“安”</td><td>□是
□否</td></tr>
<tr><td>A2：超过心理范畴</td><td>发现学生目前已有严重心理问题，甚至出现情绪障碍、神经症或是精神病性的症状，超出学校咨询范畴，转介医院。
目的：告知学生目前的心理状况，提供专业的医疗机构的信息资源，转介；提醒家长做好监护关爱工作，防止危险发生，主动关心关怀学生</td><td>□是
□否</td></tr>
<tr><td>A3：一般心理问题学生</td><td>1.学生主动发起
学生认为自己的困扰与家庭有关，但沟通无果，寻求帮助。
目的：客观描述学生的困扰和对家人的需求，与家长一起想办法帮助孩子解决问题。
2.心理老师发起
学生的困扰来自家庭问题的缩影，家庭的改变会对学生产生非常积极正面的影响。（征询学生同意）
目的：引导家庭做出一些正向的转变。
3.父母主动发起
家长发现学生情绪行为异常。
目的：家校协同，专业指导。（情绪接纳、管理、资源视角，激发动力）</td><td>□是
□否</td></tr>
</table>

续 表

类别	会谈步骤	备注
B第二步骤：启动多方会谈		
B1：参会人员	由政教处领导牵头或心理教师召开多方会谈； 参会人员包括危机领导小组组长或分管（副）校长、相关处室负责人或年级组长、心理教师、班主任和学生家长（父母双方）	参会人员： □危机领导小组组长 □分管校长/副校长 □相关处室负责人 □年级组长 □心理教师 □班主任 □学生父亲 □学生母亲 □其他
C第三步骤：班主任联系家长		
C1：班主任邀约家长	简要告知目的，约定时间地点，父母双方共同来校。邀约过程注意真诚而关切的邀约，营造平静平稳、放松亲和的氛围。 参考话术： ××家长您好，您现在方便通话吗？是这样子的，××同学于××时间与心理老师进行交流，其中提到有×××的想法（突破保密的部分、事实问题），为了帮助该同学拥有更好的身心状态面对学习、生活，特邀请父母双方于××××时间来到学校×××地点，与校方共同探讨如何更好地给到该同学支持和帮助	时间地点： □时间 □地点 来访家长： □学生父亲 □学生母亲 □其他
D第四步骤：会谈前准备		
D1：学生心理约谈	通过个体心理约谈/心理辅导，或通过班主任、学科老师、生活老师、心理委员或学生，充分了解学生情况，找到“问题”与“资源”	学生心理问题类别： □无心理危机 □一般心理危机（一般心理问题） □严重心理危机（严重心理问题） □重大心理危机（精神病、神经症） 学生自杀风险： □低（0～2） □中（3～4） □高（5～10） 困扰事件： 应对资源：

续 表

<table>
<tr><th>类别</th><th>会谈步骤</th><th>备注</th></tr>
<tr><td>D2：相关文书表格等</td><td>准备相关文书表格：多方会谈记录表、知情同意书、转介报告书等</td><td>□家长告知书
□家长知情同意书
□多方会谈记录表</td></tr>
<tr><td colspan="3">E第五步骤：多方会谈三环节</td></tr>
<tr><td>E1：【环节一】建立关系</td><td>要点：安全信任氛围营造，自我介绍会谈目的；保密原则。
参考话术：
（会谈开始前可以先寒暄几句，倒杯温水，邀请家长入座）
家长您好，我是校长（××主任），这是心理老师……这是……这是……以及我们的班主任××（先逐一介绍参会人员）。备注：行政领导为主导，特殊情况以心理老师为主导。
今天，我们邀请了多方人员来面谈，目的就是我们一起来看看怎么帮助×××走出当下的困境。这次会谈大约需要1小时左右，我们会遵循专业的保密原则，您可以放心。
对此，您有什么疑问吗？</td><td>关系建立初步评估：
□非常好
□较好
□一般
□较差
□非常差
疑问：
□无
□有</td></tr>
<tr><td>E2：【环节二】主体对话</td><td>1.家长
①孩子在家的表现；②日常与孩子的沟通情况；③孩子的变化；④家长认为孩子的“问题”与“资源”；⑤家庭做出的努力。
参考话术：
昨天，×××与心理老师进行了交流，通过评估发现，他心理上遇到了一些比较严重的困境。当然，现在整个社会青少年的心理问题是比较普遍的，但是我们不能因为问题普遍而不去重视，毕竟一个孩子对于一个家庭来说就是全部，家长努力赚钱，努力培养孩子，都是希望他能过得更加幸福，对吧！
今天邀请你们过来，也想了解一下：孩子在家里面的表现怎么样，有没有什么特别或是你们也比较困扰的部分？孩子遇到困难麻烦（或者情绪、人际困扰等），通常会怎么处理？和家人沟通多吗？他有什么兴趣爱好，或者做什么事情状态好一些？家里有为此做出什么改变和努力吗？家人的期待是什么？</td><td>记录：</td></tr>
</table>

续 表

类别	会谈步骤	备注
E2：【环节二】主体对话	2.心理老师 ①反馈评估的结果；②从专业角度向家长反馈学生目前存在的心理问题，进一步说明严重程度；③从身心健康和生命安全的角度，提出学生不具备住校条件，需要家长的陪护，以及尽快就医。 参考话术：【客观陈述，不妄加评论】 ××从开学至今，一共和××同学，发生了××次冲突，每次冲突是怎么发生的，他自己的想法是×××，对自己的同学关系的困扰是×××。××同学提到，当××发生时，想到过自杀的想法，想过××方式，尝试过××方式，没有做过计划，但目前这个想法每天都会想××次。用××方式伤害过自己，一般是在××情况下。目前××××一次，上一次是在××××时候。观察×××（手臂）有××××处疤痕。目前××同学描述比较困扰自己的部分有××，他的认知、情绪、行为、意志力等方面的变化有××，遇到困难他的处理方式是××，他尝试过××方式，他的想法是××，他对自己的期待是××，他对其他困扰事件的期待是××。 目前来说，靠他个人的力量走出来是比较困难的，所以这需要我们家长、老师一起来配合。 暂时的情绪问题可以通过自我调节，但是如果长时间地走不出来，甚至影响到他的社会功能，比如交友、学习、睡眠等，那就必须要引起重视，像××同学，目前的情况一定要去看专业医生，并且建议孩子办理走读，如果状态不佳建议先休息治疗，状态好了再返校。在此期间，需要我们给予他更多的支持，帮助他一起渡过这段时期。如果不引起高度重视的话，孩子可能会变得更加严重，这也是我们不愿意看到的	记录：
	3.班主任 反馈学生开学以来在学校的具体表现，如学习、人际交往、日常生活等。 参考话术： ××同学开学至今出现过××次身体不适，××次情绪低落状态，××次请假回家。 在学习上，××同学课堂的表现××，这几次考试××，与××同学交流，他的说法是××	记录：

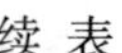

续 表

类别	会谈步骤	备注
E2：【环节二】主体对话	在××方面，×××同学可以做到×××；开学至今出现了××次（割手）的事情；××时间和××同学之间发什么了×××	
	4.危机干预领导 强调身心健康的重要性，表达家校合作共同为学生身心健康成长做出努力的意愿，双方积极探讨干预方案。 参考话术： 【家长排斥不听——校方需耐心沟通】现在孩子这种情况，必须到专业的医院进行专业诊断，我们才能和他一起找到更好的应对方式。 【家人害怕，不懂】现在孩子处于这个困难的阶段，我们学校也组建了这样一个团队，我们一起去迎接挑战。不仅有父母的帮助，学校里面还有心理老师，还有班主任、生活老师等，我们都会给予他帮助，但是现在，需要带他去医院，我们才可以更好地给予适合他的帮助和支持	记录：
	5.心理老师（提供建议积极探讨积极干预方案） ①家庭角度：你们准备做点什么来帮助孩子？ ②学校角度：你期望学校提供什么帮助？ ③专业角度：专科医院进行诊治【转介】；办理走读【在读】；学校：做好动态监护（协商的部分）；家庭：家庭氛围改善、亲子沟通、安全监护……；签署相关文书（知情同意书、安全承诺书、多方会谈记录表）	记录：（建议）
E3：【环节三】结束会谈	①探讨哪些部分是可以和学生谈起的；②对家长的到来表达欣赏和感谢；③反馈本次约谈对于后续教育工作和孩子成长的积极意义；④邀请家长反馈对本次会谈的体验和后续的期待。 参考话术： 如果下次和××同学见面，今天对话的内容，哪些是可以和学生谈起的呢？ 感谢你们对学校和老师的信任，抽空到来，一起探讨帮助××同学的方法，能让他在这个特殊的时期获得帮助。作为父母，你们的帮助和支持，对于孩子的健康成长具有十分重要的意义。 这次会谈给到你们一些什么启发或帮助吗？你们接下来会怎么做，对未来有什么期待吗？	记录：（效果）

续 表

类别	会谈步骤	备注
F第六步骤：整理资料		
F1：材料整理	纸质材料、电子材料存档	材料： □多方会谈台账表 □家长告知书 □家长知情同意书 □多方会谈记录表 □病历报告 □其他
参考文献	［1］廖倩. 中学生心理危机干预中的家校沟通策略［J］. 中小学心理健康教育，2023（4）：67–69. ［2］肖巧云. 家长心理约谈四步走［J］. 中小学心理健康教育，2021（20）：61–64. ［3］浙江省中小学心理健康教育指导中心. 中小学心理危机筛查与预防工作手册［M］. 宁波：宁波出版社，2019. ［4］洪艳青. 心理教师与家长会谈的五个要点［J］. 中小学心理健康教育，2021（21）：42–44.	

附件1：

学生心理健康家长告知书

对　　级　　班　　　　同学的情况说明

__________年____月____日，针对________级____班____________同学近来_______________的现象，我校心理教师和该同学进行了心理约谈。经过近_______________（时间）的咨询访谈，现作如下建议：

________同学在咨询中提到_____________________________________，为了____，请_____________同学的家长务必多安排时间陪伴、谈心，增强家庭支持，让其更多地感受到家庭的温暖。

请家长务必及时陪伴孩子前往专业机构的心理医生处问诊，并严格按照医生的诊断进行治疗，请务必积极配合支持。

建议医院名称	地址
成都市第四人民医院	（营门口院）互利西一巷8号 （九江院区）双流区草金路105号
四川大学华西医院心理卫生中心	电信南街28号

如需服用精神类药物，请由监护人监督服用药物。若学生服药后出现不良反应，家长需及时当面向主治医生咨询，切不可中途自行停药或停诊！请家长高度关注，严肃认真地对待孩子的负面心理与情绪状态，多疏导、多陪伴孩子，积极治疗。

×××学校心理辅导中心

日期：

家长签字：

日期：

附件2：

学生心理问题转介报告

1. 基本情况说明

学生姓名		性别	
身份证号码		家长联系方式	
所在学校			

2.个案总结

<table>
<tr><td colspan="2">个案问题归类：（在后面空格中打“√”）
□情绪问题 □压力管理问题 □学习问题 □行为问题 □同伴关系问题
□亲子关系问题 □校园霸凌 □适应问题 □青春期心理问题 □性心理问题
□危机问题 □创伤事件 □其他</td></tr>
<tr><td>主诉问题</td><td></td></tr>
<tr><td>辅导过程概述</td><td></td></tr>
</table>

续 表

当前情况小结	
转介建议	

附件3：

知情同意书

________学校：

您好！我是贵校________年级______班级______的家长。由于孩子出现心理问题，学校已对他/她进行了一系列的干预辅导，后转介给校外心理专科医生，经医院诊断结果为________，医生建议复诊，持续服药，家长陪伴并接受心理治疗。孩子目前的情况不适宜继续留校学习，学校建议孩子暂停学业，由家长陪同监护，并定期接受心理治疗，辅以药物治疗，直至康复。

但经一家人商量，孩子和我们仍然希望继续留校正常学习。

现特作如下承诺：

（1）每周与班主任沟通孩子的心理状况，定时复诊，家长负责其个人安全。

（2）开始走读，家长陪读并照顾孩子生活起居，每天负责上下学接送。

（3）若孩子在校学习期间出现较大情绪及行为波动，家长立即到校接回并继续治疗直至状态稳定。

（4）在此期间，如有任何意外情况发生，家长愿意承担相应责任。

上述承诺，承诺人将严格守约。

希望贵校予以批准，谢谢！

家长签名（父母双方）：　　　　　　　　家长联系电话：

日期：　　年　月　日

附件4：

心理高危学生多方会谈记录（示例）

编号：

会谈时间	年　　月　　日	学生姓名		性别	
参会人员		班级		年龄	
会议地点			方式		
会谈缘由	该生在心理普查中PHQ-9和MHT的得分均偏高，心理辅导中心对其进行约谈后，发现其兴趣丧失、无愉快感，疲乏感明显，有自杀意念，有过自杀企图，表现出明显的抑郁倾向。无法按时按量完成学习任务，社会功能损伤明显。心理辅导中心建议来访者转介到专业治疗机构进行诊断和治疗，于是通过班主任联系家长，启动多方会谈				
家校沟通记录	来访者的父亲、母亲，高一年级分管副校长、班主任、心理教师参与了本次家校沟通的面谈。面谈主要包括以下两部分内容。 一、心理辅导中心反馈来访者心理状态 心理辅导老师首先反馈了昨天校内心理辅导了解到的来访者的心理健康状况，说明来访者心理问题的严重程度，以及对来访者心理问题进行干预的急迫性。此外，还向家长普及了抑郁症的相关知识，澄清了家长对于抑郁情绪与抑郁症的概念混淆，再一次指出针对孩子目前情况尽快就医的迫切性，希望家长对来访者的心理状况给予足够的重视。告知家长接下来心理辅导中心将对来访者进行怎样的心理干预，打消家长的顾虑，使家长建立正确治疗的信心。 班主任将来访者自开学以来在校的具体表现向家长做了详细的反馈，表明来访者日常在校与其沟通被动。明确指出来访者进校以来不止一次单独躲进厕所哭泣，并且不愿意参加集体活动，虽然班主任多次鼓励，但来访者不予配合。 副校长最后向家长强调了身心健康的重要性，表达了家校合作共同为来访者的心理康复而努力的强烈意愿。希望家长将孩子身心健康放在首位。虽然家长工作忙碌，但应尽快带孩子去专业机构就诊，并且一再强调越快越好！此外，副校长还向家长介绍了前几届个别特殊学生的出路供家长参考，热切希望家长现阶段一切以孩子身心健康为念，先养好身体，再考虑学业。 二、对来访者干预方案的探讨 对于来访者的心理干预，心理教师从专业角度、副校长从校方角度均强烈建议家长带来访者去专业的医疗机构进行诊断和治疗，并且越早越好。来访者家长同意带来访者去就诊，但觉得这周没有时间安排，要下周再安排，心理辅导中心强调来访者心理问题的严重性和尽早就医的必要性，家长表示理解，但本周无法做出安排，并表示对于来访者在校期间出现的任何问题，责任自负，请校方放心				

续 表

家校沟通记录	为了保障来访者的生命安全，也为了引起家长的足够重视，心理辅导中心按照学校的相关规章制度，要求学生本人签订安全计划书，家长签署知情同意书
沟通效果	建立了良好的咨访关系，为来访者提供了专业的求助途径。 基本了解来访者的症状、严重程度，为心理危机干预提供了基础性资料。 与来访者家长建立了关系，对来访者的干预达成协议
沟通建议	1.经心理教师评估，来访者有比较明显的抑郁倾向，超出学校心理辅导的工作范畴。为了不耽误治疗，建议来访者马上到专业的治疗机构进行治疗。 2.来访者有自杀未遂史，因此马上成立监护小组。来访者在校期间，班主任、年级组和心理辅导中心要做好其安全保护工作，并启动学校心理高危预警机制。 3.为了最大限度地解决来访者的问题，心理辅导中心师第一时间联系了班主任，向其说明来访者情况和严重程度，并要求班主任尽快联系与家长进行深入面谈，争取家长的合作态度。 4.班主任、心理辅导中心实时关注来访者的心理状态动向，并做好来访者的档案记录

第三节　家校沟通中的难点及策略

家校沟通中的难点及策略见表3–6：

表3–6　家校沟通中的难点及策略

家长类别	难点	策略
焦虑不安型	此类家长非常担心孩子的心理情况，表现为情绪不安，甚至哭泣，过分担忧或自责，无法理性思考。也有家长可能会认为孩子在学校“惹事了”或表现不好，导致对孩子更严厉地说教和批评，反而会引起孩子的新问题，导致风险加剧。 此类家长有以下几种特点： 1.对子女的学习成绩和表现有很高的期望，容易产生过度焦虑。 2.对孩子的教育方法和学校教育质量持怀疑态度，容易产生担忧和不安。 3.在与教师沟通时，往往过于强调自己的观点，不容易接受别人的意见。 4.容易对孩子过度保护，过分干预孩子的学习和生活。 5.在面对问题和困难时，容易感到无助和焦虑，容易产生消极情绪。	与焦虑不安缺乏能量的家长进行危机干预沟通时，可以考虑先提升家长的胜任力，让家长看到自身的资源，也可以请求另外的家庭成员到场协助。 策略参考： 1.保持耐心和理解：对于焦虑不安型的家长，教师需要保持耐心和理解，尊重他们的观点和感受，避免与他们发生冲突。 2.倾听和沟通：教师应该主动与家长沟通，了解他们的担忧和期望，同时表达自己的观点和建议，共同寻求解决问题的方法。 3.提供专业建议：教师可以根据学生的实际情况，为家长提供专业的教育建议，帮助他们建立正确的教育观念和方法。 4.强调合作精神：教师应该强调家校合作的重要性，鼓励家长参与学校的教育活动，共同促进学生的成长和发展。 5.关注家长的心理状况：教师可以关注家长的心理健康，为他们提供心理支持和帮助，帮助他们调整心态，减轻焦虑情绪。

续 表

家长类别	难点	策略
焦虑不安型		6.适时表扬和鼓励：教师应该适时表扬和鼓励学生的优秀表现，增强家长的信心，减轻他们的焦虑感。 采取积极的沟通策略，关注他们的需求和感受，提供专业的建议和支持，帮助他们建立正确的教育观念和方法，共同促进学生的健康成长
否认回避型	家长否认回避的原因： 1.育儿方面的挫败感，由于内心的自我保护机制开始进行不合理归因："她不是想死，而是在威胁我以满足她的要求。" 2.认为学校推卸责任，使孩子因为心理问题无法正常上学或面临需要家长陪读或休学等。 3.对心理问题存在认识误区。 此类家长在了解孩子在学校的情况后，会否认孩子的心理问题，表示"孩子在家不会这样的"。 也有家长认为孩子的问题没那么严重，以工作忙等理由不支持工作，也不愿来校陪伴孩子。 此类家长有以下几种特点： 1.对于教师提出的意见和建议，他们往往会表现出怀疑和抵触的态度，不愿意接受或讨论。 2.在面对问题时，他们可能会选择逃避或回避，不愿意直面问题和解决困难。 3.对于孩子的表现和成绩，他们可能会表现出漠不关心的态度，不愿意关注孩子的学习和成长。 4.在与教师沟通时，他们往往不愿意表达自己的真实想法和感受，而是选择保持距离和沉默。	沟通思路： 1.了解否认回避的原因。 2.展现合作的姿态。 3.消除家长的顾虑，科普心理疾病，消除"病耻感"。 策略参考： 1.尊重和理解：对于否认回避型的家长，教师需要尊重他们的观点和感受，避免强迫他们接受自己的观点。同时，要理解他们的担忧和顾虑，给予关心和支持。 2.耐心倾听：教师应该给予否认回避型的家长充分的时间和空间，让他们表达自己的想法和感受。通过倾听，了解他们的真实需求和期望，为进一步沟通打下基础。 3.提供专业建议：教师可以根据学生的实际情况，为否认回避型的家长提供专业的教育建议，帮助他们认识到教育的重要性，树立正确的教育观念。 4.强调共同责任：教师应该强调家校共同承担教育责任的重要性，让否认回避型的家长认识到自己在孩子教育中的重要作用。 5.适时表扬和鼓励：当孩子取得进步或表现出良好品质时，教师应该及时给予表扬和鼓励，让否认回避型的家长看到孩子的成长和改变，激发他们对教育的信心和热情。

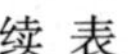

续 表

家长类别	难点	策略
否认回避型	5.在家庭教育方面，他们可能缺乏对孩子的关心和支持，导致孩子在学习和生活中遇到困难	6.寻求第三方协助：如果否认回避型的家长仍然无法接受沟通和合作，教师可以寻求学校领导、专业辅导人员等第三方的协助，共同促进家校沟通的顺利进行。 总之，针对否认回避型的家长，教师需要采取更加包容和理解的态度，通过耐心倾听、提供专业建议等方式，引导他们走出否认和回避的状态，共同参与孩子的教育和成长过程
质疑挑刺型	此类家长一般对学校不太信任，或之前对学校的教育方法有意见。家长会把焦点放在孩子心理问题的原因上，会把责任全部归结于学校环境或教育方法。 此类家长有以下特点： 1.过分关注学校的管理和教学质量。 2.常常以质疑、批评的方式表达意见，缺乏建设性的反馈。 3.对孩子在学校的表现要求过高，难以满足。 4.情绪化，易受到挫折和打击	遇到质疑学校的家长，访谈的教师要边界清晰，保持中立，聚焦于寻求解决之道。 策略参考： 1.保持冷静，不要被情绪左右。尽量采用理性的语言进行沟通。 2.倾听家长的意见，了解他们的关切和期望。 3.给予正面的反馈，肯定学校的努力。 4.针对问题提出建设性的建议和解决方案。 5.如果遇到无法解决的问题，可以向上级领导或专业人士寻求帮助，但需要注意态度和方法，避免引起不必要的矛盾
担忧顾虑型	此类家长在交谈中表现出对现实问题的担忧，如心理疾病的就医及康复问题、疾病的花费问题、孩子的学业问题、康复后的复学问题等。 此类家长有以下特点： 1.对孩子的成长和发展非常关注，经常为孩子的学习、生活等方面担心。 2.对孩子的未来充满不确定性和焦虑感。 3.容易受到外界信息的影响，容易被各种负面消息所左右。 4.在与学校沟通时往往表现出过度的紧张和担忧	策略参考： 1.理解家长的心情，表达出对他们的关注和关心。 2.针对其疑惑提供专业的解答，提供可靠的信息和数据，让家长了解孩子在校的表现和发展情况。 3.针对家长的担忧和顾虑，给予积极的回应和解决方案，如提供科学的危机应对和处理方案。让家长明确及时就医或接受专业系统的心理咨询的必要性，明白孩子良好的身心状态才是更重要的，制定可行性的复学方案，减轻家长的顾虑。 4.鼓励家长积极参与到孩子的学习和成长中，帮助他们建立正确的教育观念和方法

续 表

家长类别	难点	策略
其他	难点1：学生或者父母不同意转介，仍然要求继续留在学校就读的心理高危学生	各方做法： 1.学生本人需签订安全承诺书，父母双方需签署知情同意书。 2.家长需积极配合班主任办理退宿手续。 3.心理教师需每周一次定期约谈学生，给予学生心理支持，动态管理。 4.班主任实时监控学生的心理动态发展，发现情况及时与心理教师交流。 策略参考： 1.沟通和理解：与学生及其家长进行深入的沟通，了解他们的担忧和顾虑。倾听他们的意见并尽量理解他们的立场，以便找到更好的解决方案。 2.提供心理支持：为学生提供心理支持和咨询服务，帮助他们应对可能面临的困难和挑战。这可以通过与学校心理咨询师合作或专业心理咨询师的辅导来实现。 3.制订个性化计划：根据学生的需求和目标制定个性化的计划，以帮助他们在学校环境中更好地适应和发展。这可以包括提供额外的学术支持、社交技能培训、情绪管理和解决问题的技能培养等。 4.寻求多方合作：与学校的教师、班主任、校长和其他相关人员进行密切合作，共同关注和支持学生的发展和安全。建立跨部门的协作机制，共同努力解决学生的问题。 5.监测和评估进展：定期监测和评估学生的心理状态，以及他们对学校环境的适应情况，通过及时反馈和调整计划来确保他们的需求得到满足。
	难点2：家长否认、阻抗或不重视学生的心理问题	校领导的参与会让会谈更有成效。会谈中向家长传达重要信息：危机相关的讯息和事例、行为背后的心理原因。同时关注家长需要：消除关于自杀的谬误、认清自己角色的重要性、认清专业帮助的重要性。

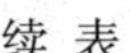

续 表

家长类别	难点	策略
其他	难点2：家长否认、阻抗或不重视学生的心理问题	策略参考： 1.建立信任关系：与家长进行开放和诚实的对话，表达对学生心理健康的关注。解释学生可能面临的挑战和风险，以及心理支持的重要性。 2.提供信息和资源：向家长提供有关学生心理健康问题的信息和资源，如相关书籍、文章、研究结果等，帮助他们更好地了解学生可能面临的问题，并认识到寻求帮助的重要性。 3.倾听和理解：给予家长足够的时间和空间，倾听他们的担忧、顾虑和期望。尊重他们的观点，并努力理解他们的决策背后的原因。 4.强调学生的利益：明确告诉家长，关心学生的心理健康对他们的学习和生活都非常重要。提醒他们，忽视学生的心理问题可能会导致更严重的后果。 5.寻求合作和支持：与其他教职员工、学校咨询师或专业机构合作，共同努力解决学生心理健康问题。通过团队的力量，提高家长对心理支持的认识和接受度。 6.寻求上级支持：如果家长仍然拒绝提供必要的心理支持，可以向学校领导报告情况，请求他们的协助和支持。他们可能会介入并与家长沟通，以促进学生心理健康问题的解决。 7.寻找替代方案：如果家长无法或不愿意为学生提供必要的心理支持，可以考虑其他解决方案，如安排定期的家访或心理咨询会议，或者建议学生寻求校外的心理辅导服务

第四节 接纳学生返回校园

经过心理约谈评估的危机学生在经过一段时间的专业治疗后，情况基本稳定，可能需要申请重新就读，学校可以按照复学学生操作流程图（见下图）做好重新接纳学生就读的准备。

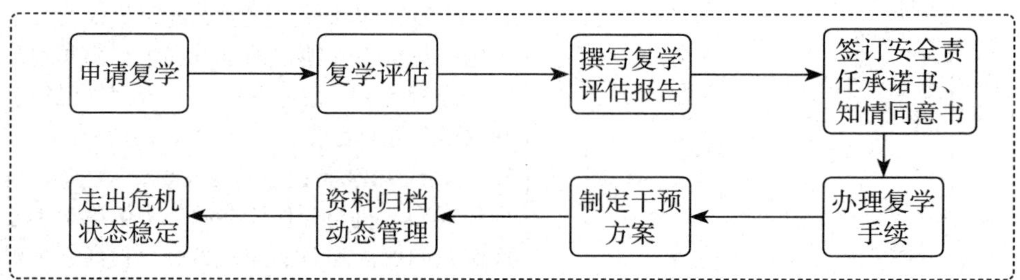

图3-3 复读学生操作流程图

一、复学前准备

（1）应向学校出具相关医疗机构的心理疾病康复证明、学生就医的病历档案。

（2）心理教师对学生心理情况进行复学评估（见附件1），并明确告知家长和学生复学后将要面对的压力和可能存在的问题。

（3）家长需要填写学生要求复学的申请报告，承担学生因在复学过程中旧病复发而产生的后果，学生签订安全责任承诺书，家长签订知情同意书。

二、办理复学手续

若经校心理辅导中心确认后，学校同意学生复学，心理教师需填写好复学会谈评估内容的告知书（见附件2），家长按照学校要求办理复学手续。

三、复学后注意事项

（1）班主任实时关注学生复学后情况，并结合心理教师给出的建议，积极帮助该生建立良好的支持系统，引导同学避免与其发生激烈的冲突。班级心理委员对其密切关注，心理教师定期与其谈心，并通过其他人员（班主任、学科教师、心理委员等）随时了解其心理状况，定期对学生心理健康情况进行评估，并将评估结果反馈给班主任与政教处。

（2）为了更好地保护该生，学校应做到最大程度的保密。不要议论、传播该生曾患病的信息，并告知相关人员应注意的事项。

（3）心理教师要提前制定学生复学心理危机的预案（见附件3），进行定期跟踪辅导、风险评估，并做出及时处理。

（4）学生复学后的所有资料需要归档，要求一生一档。

附件1：

心理高危学生复学评估访谈架构

一、正面开场，建立良好的关系
二、说明会谈性质与目的性质：所有复学学生例行会谈 目的：了解休学期间的学习和生活情况
三、访谈内容 1.就医情况：就诊医院，诊断结果如何？是否住院治疗，服药情况，心理治疗情况如何？住院／休学／服药的感受如何？主治医生对于复学给出的专业意见是什么？复学后，医生是否建议继续服药和治疗？ 2.家庭支持系统（家庭氛围、父母关系、亲子关系是否有改变）：这段时间家里的氛围有什么不一样吗？与家人关系如何？父母关系如何？自己目前的情绪状态如何？觉得这段时间自己最大的改变或成长是什么？ 3.复学主动意愿：复学是谁的意愿（自己还是家人？）什么原因想回校？和父母相比较，对于复学这件事谁的意愿更强？主动意愿有多强？ 4.自伤或自杀危机评估： 自杀：你曾经想到过自杀这件事吗？（若回应无，转到自伤；如回应有，继续下列问题） 你想过什么方式？你尝试过吗？你做过计划吗？一般什么情况下会产生这样的想法？ 周围的人知道吗？

续 表

自伤： 你有过伤害自己的行为吗？一般是什么方式呢？ 现在还有吗？频率如何？为什么会想到伤害自己呢？
取得配合与可提供的支持 1.取得配合：遵照医嘱，科学服药和接受治疗，告知擅自停药的危险性；签订安全责任承诺书、知情同意书。 2.可提供的支持：你觉得复学后可能面临的困难是什么？你有什么办法应对这些困难？你身边有哪些人可以帮你应对困难？希望我提供什么样的支持？

附件2：

关于××同学复学会谈评估内容的告知书

姓名		性别		原所在班级	
年龄		休学原因			
医疗机构复学证明					
心理量表结果					
复学会谈评估结果	一般观察： 情绪状况： 认知状况： 生理状态： 行为方面： 人际方面： 就医情况：				

续 表

结论	
建议	
参会人员：	

知情签字：

学生家长：

班主任：

政教主任：

心理教师：

危机干预领导小组：

日期：

附件3：

学生复学干预方案

班级		姓名		性别	□男 □女	年龄	
一、复学材料 □相关医疗机构的心理疾病康复证明、学生就医的病历档案 □安全承诺书 □家长知情同意书							
二、访谈内容 就医情况： 治疗医院： 诊断结果： 住院治疗：□是 □否 服药情况：□是 □否（药名剂量） 主治医生对于复学的专业意见： 复学后的服药/治疗？ 对于住院/休学/服药的感受如何？							

续 表

家庭支持系统： 家庭氛围；□好很多 □好一些 □无变化 □差一些 □差很多 父母关系：□好很多 □好一些 □无变化 □差一些 □差很多 亲子关系：□好很多 □好一些 □无变化 □差一些 □差很多 情绪状态：（近2周） 自己最大的改变和成长是什么？
复学主动意愿： 谁的主意？ □自己 □父母 □其他 谁的意愿更强？ □自己 □父母 □其他 主动意愿强烈程度：（1～10） 返校原因？
自伤或自杀危机评估： 自杀意念：（方式） □从来没有 □偶尔有 □经常有 □一直有 □尝试过 自杀计划：□无 □有 刺激因素： 自伤：□无 □有 频率：□低（1次/月） □中（1次/周） □高（1次/天） 自伤缘由：
三、取得配合与可提供的帮助 取得配合： □遵照医嘱，科学服药和接受治疗，告知擅自停药的危险性 □签订安全承诺书
可提供支持： 复学后可能面临的困难是什么：□学习压力 □人际关系 □情绪管理 □亲子关系 □其他 应对办法： 哪些人可以帮助克服困难：□同学 □朋友 □老师 □家长 □其他 希望心理老师提供的支持：
四、干预方案（根据实际情况勾选） 1.综合结论

续 表

<table>
<tr><td colspan="3">2.自杀自伤风险处置
□0～2分：可以回家，需要观察随访
□3～4分：报告行政领导，报告班主任，密切观察随访；24小时监护，24小时后再评估；可以通知父母。
□5～6分：报告行政领导，报告班主任，密切观察随访；通知父母，送精神科门诊，或精神科会诊，24小时监护，强烈建议住院。
□7～10分：通知父母，立即住院。
3.分类处置参考
□（1）无心理危机：建议日常关注，促进发展，开发潜能，加强预防。
□（2）一般预警（一般心理危机）：由班主任负责，心理教师协助。在班主任和心理教师的引导下，这类学生一般都能从心理困扰中走出来。
□（3）重点预警（严重心理危机）：心理教师负责心理辅导或团体辅导；班主任关注学生的日常动态，在能力范围内辅导和帮助学生；家长改善亲子关系。
□（4）特别预警（重大心理危机）：告知家长，建议就医。开展会谈，形成记录，签署学生心理健康状况告知书。如情况严重，需要及时转介。
4.复学管理
□遵循医嘱，定期就诊及心理咨询。
□家长负责营造温暖、友好、宽松的家庭氛围，监督暗示服药及避免自我伤害性行为，维护生命安全。
□学校提供正常教学秩序，监管好安全措施。
□班主任营造安全、接纳的班级氛围，及时关注、关心学生学习、情绪、行为等，若有异常及时上报，做好与家长、学校的及时沟通。
□心理辅导中心在学生症状稳定并自愿的情况下，提供力所能及的心理辅导服务，做好心理动态跟踪，及时记录备案</td></tr>
<tr><td colspan="3">说明：本次复学评估仅针对学生近2周心理状态作评估，学生后续变化请密切追踪随访</td></tr>
<tr><td>日期：</td><td>时长：</td><td>参与人员：</td></tr>
</table>

附　录

校园心理危机干预资源

附录中的内容仅供参考，各学校在实际工作中使用时，需结合实际情况做出调整。

附录1　校园心理危机干预预案

×××学校校园心理危机干预预案

为及时疏导、有效干预我校学生的心理危机，避免或减少学生因心理问题而引发的伤害事件，及时、有效、稳妥地处置校内可能发生的各种心理危机事件，结合学校实际，特制定本工作预案。

一、适用范围

本预案适用于本校范围内突然发生的、造成或者可能造成当事人生命危险的心理危机事件的应急处置工作。

二、工作原则

心理危机预防和干预应遵循以下原则：以人为本，安全第一；组织健全，职责明确；预防为先，教育普及；预警及时，重点突出；干预到位，专业科学；支持系统，家校社结合。

三、心理危机预防和干预的工作体系

心理危机预防和干预是一项系统工程，只有在学校统一领导下，各个相关部门密切协作，分工负责，才能取得实效。结合学校实际，建立如下心理危机预防和干预体系。

（一）校级心理危机预防和干预体系

组长：校长

副组长：副校长工会主席

成员：行政管理人员、心理辅导团队、班级团队、科任老师、后勤安保人员等相关人员。

工作职责：把师生心理危机预防和干预工作融入到学校处置突发性事件工作体系中，全面指导心理危机预防和干预工作的实施，使其得以顺利开展；研究、规划和制定心理危机事件处置方案，对师生心理危机进行评估，指导师生心理危机预防，根据领导小组有关指示，参与师生心理危机干预工作以及对各年级和班级实行指导等。

（二）各年级心理危机预防和干预体系

组长：年级组长

成员：班主任

主要职责：指导与部署本年级师生心理危机预防和干预工作、心理健康教育工作，结合日常教育管理工作，积极开展心理危机救助工作。了解和掌握有关信息，及时向校心理危机预防和干预工作小组报告较严重的心理危机事件，并根据校心理危机预防和干预工作小组的意见开展心理评估和干预等工作。

（三）班级心理危机预防和干预体系

组长：班主任

成员：班级心理委员

主要职责：在年级心理危机预防和干预工作小组的指导下开展工作。主要职责是在班集体中进行心理健康理念和心理卫生知识宣传，提供朋辈心理辅导服务，及时掌握和报告学生异常心理信息。

四、心理危机事件分级和危机报告

根据心理危机事件可能导致后果的严重程度将心理危机事件分为重大心理危机事件、较大心理危机事件和一般心理危机事件。

（一）重大心理危机事件

发生自杀或自杀未遂事件。精神病人处于急性发作期，自伤或伤人行为正在发生。

（二）较大心理危机事件

（1）生活学习中遭遇突然打击，如家庭发生重大变故（亲人死亡、父母的离异、家庭暴力等）、遭遇性危机（性伤害、性暴力、性侵犯、意外怀孕等）、受到意外刺激（自然灾害、校园暴力、车祸等其他突发事件），并伴有强烈的情绪和行为反应。

（2）患有严重心理疾病并已经确诊，如患有抑郁症、恐怖症、强迫症、癔症、焦虑症等疾病。

（三）一般心理危机事件

（1）在心理健康测评中筛查出来的有心理障碍。

（2）因情感受挫、人际关系失调等导致心理或行为异常。

（3）因学习困难、经济困难、适应困难、就业困难等出现心理或行为异常。

（4）由于身边的同学出现个体危机状况而受到影响，产生恐慌、担心、焦虑、困扰，如自杀或他杀者的同宿舍、同班的学生等。

（四）危机报告

（1）发现有较大或一般心理危机事件，相关人员应及时以电话的形式上报校心理辅导中心，并在24小时内以书面形式报告。

（2）当有重大心理危机事件发生时，发生心理危机事故的相关年级应立即向学校心理危机干预领导机构报告。

五、危机干预措施

（一）对有严重心理障碍学生的干预措施

（1）对出现严重心理障碍的学生，须报告心理辅导中心对学生的心理健康状况进行评估或请医疗机构会诊。

（2）经评估可以在学校边学习边治疗的，须指定专人密切注意该生情况，加强管理，及时提供心理辅导，必要时请精神卫生专家会诊治疗。

（3）经评估回家休养并配合药物治疗有利于其心理康复的，须派专人监护，确保其人身安全后，通知学生家长将其带回家休养治疗。

（4）经评估进行医学治疗有利于其心理康复的，学校须及时通知该生家长将其送至专业医疗机构治疗。

（二）对有自杀倾向的学生的干预措施

一旦发现或知晓某生有自杀意念，即该生近期有实施自杀的想法和念头，应立即采取以下措施：

（1）立即将该生转移到安全环境，并成立监护小组对该生实行24小时全程监护，确保该生人身安全，同时通知家长到校。

（2）报告心理辅导中心，对该生的心理状况进行评估或请专家会诊，并提供书面意见。

（3）经评估治疗有利于其心理康复的，应立即通知家长将该生送至专业医疗机构治疗。

（4）经评估回家休养有利于其心理康复的，应立即通知家长将该生带回家休养治疗。

（三）对实施自杀行为学生的干预措施

（1）对刚实施自杀行为的学生，要立即送到最近的医疗机构实施紧急救治。

（2）及时保护、勘查、处理现场，防止事态扩散和对其他学生产生不良刺激，并配合有关部门对事件调查取证。

（3）对于自杀未遂的学生，经相关部门或专家评估，如住院治疗有利于其心理康复的，通知其家长将该生送至专业医疗机构治疗；如回家休息治疗有利于其心理康复的，由家长将其带回家休养治疗。

（4）及时回应新闻媒体、家长、师生员工，注意保护当事人隐私，减少事件对相关人员的二次伤害。

（四）对有伤害他人意念或行为学生的干预措施

（1）对于有伤害他人意念或行为的学生，由相关部门立即采取相应措施，保护双方当事人安全。

（2）报告心理辅导中心，对学生的心理健康状况进行评估或请专业医疗机构会诊。根据评估意见进行后续处理。

（五）危机干预后期措施

（1）学生因心理问题住院治疗或休学再申请复学时，应向学校心理辅导中心、校医、班主任等介绍治疗情况，学校建立复学学生心理档案后办理复学手续，帮助学生制订复课计划。

（2）学生因心理问题复学后，班主任应对其定期进行访谈，了解其思想、学习、生活等方面的情况。

（3）对于有自杀未遂史的复学学生（有自杀未遂史的人属于自杀高危人群），应组织专家进行定期心理访谈及风险评估，密切监护，及时了解其学习、生活和思想状况，确保其人身安全。

六、心理危机预防和干预的注意事项

（1）在开展心理危机干预与自杀预防工作时，应坚持保密原则，不得随意透露学生的相关信息。

（2）对社会功能严重受损和自知力不完全的学生，不得在学生宿舍里实行监护，避免监护不当造成危害，以确保该生安全。

（3）在与家长联系过程中，应注意方式方法，做好记录，并妥善保存。

（4）干预措施中涉及学生需要休学接受治疗的，按相关规定办理。

七、本预案自印发之日起实施

附录2 校园心理危机干预演习方案

×××学校校园心理危机干预演习方案

近年来，校园心理危机影响着师生身心健康和学校正常教育教学秩序。为了帮助师生识别校园心理危机，提高学校心理危机处置能力，使学校能够从心理危机干预角度积极预防和快速有效应对，保障学校正常的教学和生活秩序，维护广大师生身心健康和生命安全，把危机影响降到最低，提高学校心理危机管理水平，增强学校师生对心理危机认识处置水平，决定举行校园心理危机干预演练。

一、演习内容

（1）学校师生、各处室，特别是班主任对学生心理危机状况的识别。

（2）检验学校心理危机干预机制运转状况。

（3）发现演习中存在的问题，并在日后工作中进行完善。

二、演习时间

××××年××月××日

三、演习地点

学校教学楼

四、参演人员

×××师生

五、参加桌面推演人员

学校心理危机干预工作小组、班主任代表、宿舍管理员代表、保安代表

六、心理危机当事人扮演者

学生

七、演习准备

（1）学校心理发展中心提供演习方案并制定详细演习脚本。

（2）××月××日上午学校危机干预工作组负责人向全校师生宣布学校关于××月××日举行心理危机干预演习的决定。中午开会布置演习相关工作，由分管心理工作的校长向全体参会成员作演习动员，并解释演习方案。

（3）演习方案。

① 演习第一阶段：将在事先不通知班主任及相关班级学生的情况下，从××月××日晚上开始，事先安排危机学生扮演者在所在班级逐步发出“危机信号”，各班班主任及班级心理委员和其他师生在近段时间都要密切关注班上是否有具有心理危机特征的学生存在，并密切关注事态发展。

② 演习第二阶段：到演习正式开始的××月××日上午××点前，班主任把本班可能的“心理危机学生”识别出来并根据校园心理危机干预预案和处置程序向学校心理危机干预工作组报告，并在后面的干预工作中密切配合学校心理危机干预工作组做好危机处置工作。

③ 演习第三阶段：学校心理危机干预工作组全体成员以及生活代表、保安代表、班主任代表在学校心理发展中心会议室一起进行桌面推演。由学校演习指挥部为全体参演人员设置情境，相关人员做出处置陈述。

④ 演习第四阶段：心理危机干预工作组负责人对本次演习进行评点。

重要提示：本次演习不影响老师对学生心理健康教育、心理危机预警干预

的常态工作。演练后由班主任、心理老师与扮演危机个案的学生会谈，消除可能存在的由演练导致的不良影响。

（4）演习脚本（示例）。

××月××日下午，某班学生A向班主任提出申请，要求换寝室，在提出请求过程中，隐隐约约表现出一些情绪异常。老师询问申请理由，学生反复声称想好好学习，没有其他原因，至于调整到哪个寝室都可以，反正不想在这个寝室住。并说如果在下周之前不能调整寝室就不想读了。下课后表现一反常态，总是坐在座位上发呆，变得沉默寡言。在班主任老师课上，听课“不专心”，并在本子上反复写画“欺人太甚”之类的话。心理危机扮演者通过不同方式向班主任、周围同学发出“心理危机”信息，并逐渐加大信息传递力度。

附录3　班级心理委员工作制度

××学校班级心理委员工作制度

为了逐步建立健全辐射到每个班级的学校心理健康监控体系，逐步建立健全辐射到每个班级的学生心理素质培养体系，学校建立班级心理委员工作制度。

一、心理委员的产生（选拔）

每个班级推选两名心理委员，男女生各一名。心理委员的产生，主要有两种途径：一是班主任推荐或指定，二是自荐、他荐或同学选举产生。对挑选心理委员的具体要求如下：

（1）热心班级心理健康工作，具有服务意识。

（2）为人乐观、开朗，心理健康状况良好。

（3）对心理学感兴趣。

（4）善于与人沟通，具有一定的语言表达能力。

（5）在同学中有广泛的群众基础，人际关系好。

（6）具有责任心和保密意识。

二、心理委员的职责

（1）注重维护自身的心理健康，发现问题及时解决。

（2）在工作中严格遵守保密原则。

（3）维护本班同学的心理健康，及时发现不良情况，并及时反馈。

（4）心理健康知识的宣传与普及。

（5）协助心理教师建立学生心理档案。

（6）协助心理教师做好学生心理健康状况的调查。

（7）组织同学开展心理健康教育的研究，探索心理健康教育的有效途径和方法。

（8）探索提高本班学生心理素质、创新能力等的途径和方法。

（9）参加心理健康课培训。

（10）积极响应由学校心理委员组成的互助会的号召与工作。

（11）注意工作方法，能够与老师、同学保持良好的关系。

（12）在学有余力的情况下，协助心理教师做好其他工作。

三、班级心理委员的日常工作

（1）每月向班主任、心理辅导中心报送本班同学的心理状态，内容包括：本班同学对心理知识的需求；本班同学的心理动向；本班学生最近发生的心理问题；对进一步开展心理健康教育工作的建议。

（2）对班级中可能或即将发生的危机事件及时向班主任、心理辅导中心反馈，避免危机事件的发生。

（3）开展丰富多彩的班级心理健康教育活动。通过学校的心理小报、团体心理辅导活动等，提高本班同学的心理健康水平，也可以常在班级开展小的心理活动，如小型心理剧，心理知识宣传等。

（4）结合本班同学的现状开展调查研究，促进、改善班风、学风，解决本班同学的心理问题。

（5）积极协助配合心理教师开展心理健康教育课。

（6）积极参加由心理委员组成的互助会的活动。

（7）积极参加每年一度的“心理健康活动周”。

四、班级心理委员的培训

班级心理委员上岗前需接受相应的培训，以了解相关知识、明确职责、识别相应的心理问题。采取多种形式的入职培训和常规培训。培训内容包括：

（1）心理委员职责。

（2）常见心理问题的识别。

（3）心理健康基本常识。

（4）心理委员的助人办法。

（5）心理委员自我关怀。

附录4　中华人民共和国精神卫生法（2018年修正）（节选）

第一章　总则

第一条　为了发展精神卫生事业，规范精神卫生服务，维护精神障碍患者的合法权益，制定本法。

第二条　在中华人民共和国境内开展维护和增进公民心理健康、预防和治疗精神障碍、促进精神障碍患者康复的活动，适用本法。

第三条　精神卫生工作实行预防为主的方针，坚持预防、治疗和康复相结合的原则。

第四条　精神障碍患者的人格尊严、人身和财产安全不受侵犯。

精神障碍患者的教育、劳动、医疗以及从国家和社会获得物质帮助等方面的合法权益受法律保护。

有关单位和个人应当对精神障碍患者的姓名、肖像、住址、工作单位、病历资料以及其他可能推断出其身份的信息予以保密；但是，依法履行职责需要公开的除外。

第五条　全社会应当尊重、理解、关爱精神障碍患者。

任何组织或者个人不得歧视、侮辱、虐待精神障碍患者，不得非法限制精神障碍患者的人身自由。

新闻报道和文学艺术作品等不得含有歧视、侮辱精神障碍患者的内容。

第六条　精神卫生工作实行政府组织领导、部门各负其责、家庭和单位尽力尽责、全社会共同参与的综合管理机制。

第九条　精神障碍患者的监护人应当履行监护职责，维护精神障碍患者的合法权益。

禁止对精神障碍患者实施家庭暴力，禁止遗弃精神障碍患者。

第二章　心理健康促进和精神障碍预防

第十四条　各级人民政府和县级以上人民政府有关部门制定的突发事件应急预案，应当包括心理援助的内容。发生突发事件，履行统一领导职责或者组织处置突发事件的人民政府应当根据突发事件的具体情况，按照应急预案的规定，组织开展心理援助工作。

第十六条　各级各类学校应当对学生进行精神卫生知识教育；配备或者聘请心理健康教育教师、辅导人员，并可以设立心理健康辅导室，对学生进行心理健康教育。学前教育机构应当对幼儿开展符合其特点的心理健康教育。

发生自然灾害、意外伤害、公共安全事件等可能影响学生心理健康的事件，学校应当及时组织专业人员对学生进行心理援助。

教师应当学习和了解相关的精神卫生知识，关注学生心理健康状况，正确引导、激励学生。地方各级人民政府教育行政部门和学校应当重视教师心理健康。

学校和教师应当与学生父母或者其他监护人、近亲属沟通学生心理健康情况。

第二十一条　家庭成员之间应当相互关爱，创造良好、和睦的家庭环境，提高精神障碍预防意识；发现家庭成员可能患有精神障碍的，应当帮助其及时就诊，照顾其生活，做好看护管理。

第二十三条　心理咨询人员应当提高业务素质，遵守执业规范，为社会公众提供专业化的心理咨询服务。

心理咨询人员不得从事心理治疗或者精神障碍的诊断、治疗。

心理咨询人员发现接受咨询的人员可能患有精神障碍的，应当建议其到符合本法规定的医疗机构就诊。

心理咨询人员应当尊重接受咨询人员的隐私，并为其保守秘密。

第三章 精神障碍的诊断和治疗

第二十八条 除个人自行到医疗机构进行精神障碍诊断外，疑似精神障碍患者的近亲属可以将其送往医疗机构进行精神障碍诊断。对查找不到近亲属的流浪乞讨疑似精神障碍患者，由当地民政等有关部门按照职责分工，帮助送往医疗机构进行精神障碍诊断。

疑似精神障碍患者发生伤害自身、危害他人安全的行为，或者有伤害自身、危害他人安全的危险的，其近亲属、所在单位、当地公安机关应当立即采取措施予以制止，并将其送往医疗机构进行精神障碍诊断。

医疗机构接到送诊的疑似精神障碍患者，不得拒绝为其作出诊断。

第二十九条 精神障碍的诊断应当由精神科执业医师作出。

医疗机构接到依照本法第二十八条第二款规定送诊的疑似精神障碍患者，应当将其留院，立即指派精神科执业医师进行诊断，并及时出具诊断结论。

第三十条 精神障碍的住院治疗实行自愿原则。

诊断结论、病情评估表明，就诊者为严重精神障碍患者并有下列情形之一的，应当对其实施住院治疗：

（一）已经发生伤害自身的行为，或者有伤害自身的危险的；

（二）已经发生危害他人安全的行为，或者有危害他人安全的危险的。

第三十一条 精神障碍患者有本法第三十条第二款第一项情形的，经其监护人同意，医疗机构应当对患者实施住院治疗；监护人不同意的，医疗机构不得对患者实施住院治疗。监护人应当对在家居住的患者做好看护管理。

第三十六条 诊断结论表明需要住院治疗的精神障碍患者，本人没有能力办理住院手续的，由其监护人办理住院手续；患者属于查找不到监护人的流浪乞讨人员的，由送诊的有关部门办理住院手续。

精神障碍患者有本法第三十条第二款第二项情形，其监护人不办理住院手续的，由患者所在单位、村民委员会或者居民委员会办理住院手续，并由医疗机构在患者病历中予以记录。

第三十七条 医疗机构及其医务人员应当将精神障碍患者在诊断、治疗过程中享有的权利，告知患者或者其监护人。

第四十四条　自愿住院治疗的精神障碍患者可以随时要求出院，医疗机构应当同意。

第四十九条　精神障碍患者的监护人应当妥善看护未住院治疗的患者，按照医嘱督促其按时服药、接受随访或者治疗。村民委员会、居民委员会、患者所在单位等应当依患者或者其监护人的请求，对监护人看护患者提供必要的帮助。

第五章　保障措施

第六十七条　师范院校应当为学生开设精神卫生课程；医学院校应当为非精神医学专业的学生开设精神卫生课程。

县级以上人民政府教育行政部门对教师进行上岗前和在岗培训，应当有精神卫生的内容，并定期组织心理健康教育教师、辅导人员进行专业培训。

第七十条　县级以上地方人民政府及其有关部门应当采取有效措施，保证患有精神障碍的适龄儿童、少年接受义务教育，扶持有劳动能力的精神障碍患者从事力所能及的劳动，并为已经康复的人员提供就业服务。

国家对安排精神障碍患者就业的用人单位依法给予税收优惠，并在生产、经营、技术、资金、物资、场地等方面给予扶持。

附录5　中华人民共和国未成年人保护法（2020年第二次修订）（节选）

第一章　总则

第一条　为了保护未成年人身心健康，保障未成年人合法权益，促进未成年人德智体美劳全面发展，培养有理想、有道德、有文化、有纪律的社会主义建设者和接班人，培养担当民族复兴大任的时代新人，根据宪法，制定本法。

第七条　未成年人的父母或者其他监护人依法对未成年人承担监护职责。

国家采取措施指导、支持、帮助和监督未成年人的父母或者其他监护人履行监护职责。

第十一条　任何组织或者个人发现不利于未成年人身心健康或者侵犯未成年人合法权益的情形，都有权劝阻、制止或者向公安、民政、教育等有关部门提出检举、控告。

国家机关、居民委员会、村民委员会、密切接触未成年人的单位及其工作人员，在工作中发现未成年人身心健康受到侵害、疑似受到侵害或者面临其他危险情形的，应当立即向公安、民政、教育等有关部门报告。

第三章　学校保护

第二十五条　学校应当全面贯彻国家教育方针，坚持立德树人，实施素质教育，提高教育质量，注重培养未成年学生认知能力、合作能力、创新能力和实践能力，促进未成年学生全面发展。

学校应当建立未成年学生保护工作制度，健全学生行为规范，培养未成年学生遵纪守法的良好行为习惯。

第二十六条　幼儿园应当做好保育、教育工作，遵循幼儿身心发展规律，实施启蒙教育，促进幼儿在体质、智力、品德等方面和谐发展。

第二十七条　学校、幼儿园的教职员工应当尊重未成年人人格尊严，不得对未成年人实施体罚、变相体罚或者其他侮辱人格尊严的行为。

第二十八条　学校应当保障未成年学生受教育的权利，不得违反国家规定开除、变相开除未成年学生。

学校应当对尚未完成义务教育的辍学未成年学生进行登记并劝返复学；劝返无效的，应当及时向教育行政部门书面报告。

第二十九条　学校应当关心、爱护未成年学生，不得因家庭、身体、心理、学习能力等情况歧视学生。对家庭困难、身心有障碍的学生，应当提供关爱；对行为异常、学习有困难的学生，应当耐心帮助。

学校应当配合政府有关部门建立留守未成年学生、困境未成年学生的信息档案，开展关爱帮扶工作。

第三十条　学校应当根据未成年学生身心发展特点，进行社会生活指导、心理健康辅导、青春期教育和生命教育。

第三十一条　学校应当组织未成年学生参加与其年龄相适应的日常生活劳动、生产劳动和服务性劳动，帮助未成年学生掌握必要的劳动知识和技能，养成良好的劳动习惯。

第三十二条　学校、幼儿园应当开展勤俭节约、反对浪费、珍惜粮食、文明饮食等宣传教育活动，帮助未成年人树立浪费可耻、节约为荣的意识，养成文明健康、绿色环保的生活习惯。

第三十三条　学校应当与未成年学生的父母或者其他监护人互相配合，合理安排未成年学生的学习时间，保障其休息、娱乐和体育锻炼的时间。

学校不得占用国家法定节假日、休息日及寒暑假期，组织义务教育阶段的未成年学生集体补课，加重其学习负担。

幼儿园、校外培训机构不得对学龄前未成年人进行小学课程教育。

第三十四条　学校、幼儿园应当提供必要的卫生保健条件，协助卫生健康部门做好在校、在园未成年人的卫生保健工作。

第三十五条　学校、幼儿园应当建立安全管理制度，对未成年人进行安全教育，完善安保设施、配备安保人员，保障未成年人在校、在园期间的人身和财产安全。

学校、幼儿园不得在危及未成年人人身安全、身心健康的校舍和其他设施、场所中进行教育教学活动。

学校、幼儿园安排未成年人参加文化娱乐、社会实践等集体活动，应当保护未成年人的身心健康，防止发生人身伤害事故。

第三十六条　使用校车的学校、幼儿园应当建立健全校车安全管理制度，配备安全管理人员，定期对校车进行安全检查，对校车驾驶人进行安全教育，并向未成年人讲解校车安全乘坐知识，培养未成年人校车安全事故应急处理技能。

第三十七条　学校、幼儿园应当根据需要，制定应对自然灾害、事故灾难、公共卫生事件等突发事件和意外伤害的预案，配备相应设施并定期进行必要的演练。

未成年人在校内、园内或者本校、本园组织的校外、园外活动中发生人身伤害事故的，学校、幼儿园应当立即救护，妥善处理，及时通知未成年人的父母或者其他监护人，并向有关部门报告。

第三十八条　学校、幼儿园不得安排未成年人参加商业性活动，不得向未成年人及其父母或者其他监护人推销或者要求其购买指定的商品和服务。

学校、幼儿园不得与校外培训机构合作为未成年人提供有偿课程辅导。

第三十九条　学校应当建立学生欺凌防控工作制度，对教职员工、学生等开展防治学生欺凌的教育和培训。

学校对学生欺凌行为应当立即制止，通知实施欺凌和被欺凌未成年学生的父母或者其他监护人参与欺凌行为的认定和处理；对相关未成年学生及时给予心理辅导、教育和引导；对相关未成年学生的父母或者其他监护人给予必要的家庭教育指导。

对实施欺凌的未成年学生，学校应当根据欺凌行为的性质和程度，依法加强管教。对严重的欺凌行为，学校不得隐瞒，应当及时向公安机关、教育行政部门报告，并配合相关部门依法处理。

第四十条　学校、幼儿园应当建立预防性侵害、性骚扰未成年人工作制度。对性侵害、性骚扰未成年人等违法犯罪行为，学校、幼儿园不得隐瞒，应当及时向公安机关、教育行政部门报告，并配合相关部门依法处理。

学校、幼儿园应当对未成年人开展适合其年龄的性教育，提高未成年人防范性侵害、性骚扰的自我保护意识和能力。对遭受性侵害、性骚扰的未成年人，学校、幼儿园应当及时采取相关的保护措施。

第四十一条　婴幼儿照护服务机构、早期教育服务机构、校外培训机构、校外托管机构等应当参照本章有关规定，根据不同年龄阶段未成年人的成长特点和规律，做好未成年人保护工作。

第六十三条　任何组织或者个人不得隐匿、毁弃、非法删除未成年人的信件、日记、电子邮件或者其他网络通讯内容。

除下列情形外，任何组织或者个人不得开拆、查阅未成年人的信件、日记、电子邮件或者其他网络通讯内容：

（一）无民事行为能力未成年人的父母或者其他监护人代未成年人开拆、查阅；

（二）因国家安全或者追查刑事犯罪依法进行检查；

（三）紧急情况下为了保护未成年人本人的人身安全。

附录6　未成年人学校保护规定（节选）

第四条　学校学生保护工作应当坚持最有利于未成年人的原则，注重保护和教育相结合，适应学生身心健康发展的规律和特点；关心爱护每个学生，尊重学生权利，听取学生意见。

第七条　学校应当落实安全管理职责，保护学生在校期间的人身安全。特别是在发生人身伤害事故时，学校应当妥善处理，并在情形严重时向有关部门报告。这涉及学生在校园内的安全问题，包括可能涉及心理创伤的伤害事故。

第十一条　学校应当尊重和保护学生的受教育权利，对身心有障碍的学生提供合理便利，实施融合教育，给予特别支持。这一条款强调了对有心理健康障碍或学习困难的学生的特别关注和支持。

第二十二条　教职工应当关注可能处于弱势或特殊地位的学生，发现学生存在被孤立、排挤等情形时，应当及时干预。这一条关注到学生在同伴关系中可能面临的心理压力和困扰。

第二十三条　学校接到关于学生欺凌报告的，应当立即开展调查，对于认定构成欺凌的情况，应当及时提供学生欺凌治理组织认定和处置，通知相关学生的家长参与欺凌行为的认定和处理。这一条关注到学生在学校中可能遭受的欺凌问题，对于涉及心理创伤的情况需要及时的处理和干预。

第三十二条　学校应当建立学生心理健康教育管理制度，包括设置心理辅导室、配备心理健康教育教师，为学生提供专业化、个性化的指导和服务。此外，有条件的学校可以定期组织教职工进行心理健康状况测评，以帮助教职工以积极、乐观的心态对待学生。

第三十四条　学校应当将科学、文明、安全、合理使用网络纳入课程内容，进行网络安全、网络文明和防止沉迷网络的教育。学校为学生提供的上网设施应当安装未成年人上网保护软件或者采取其他安全保护技术措施，以避免学生接触不适宜未成年人接触的信息。

第四十二条　学校应当通过安全教育、心理健康教育等专题教育，引导学生热爱生命、尊重生命。此外，学校还应当有针对性地开展青春期教育、性教育，提高学生对于防范性侵害、性骚扰的自我保护意识和能力。

第四十五条　学校可以根据实际组成专业辅导工作机制，对有不良行为的学生进行矫治和帮扶。对于有严重不良行为的学生，学校应当配合有关部门进行管教，无力管教或者管教无效的，可以依法向教育行政部门提出申请送专门学校接受专门教育。

第四十六条　学校应当建立学生重大生理、心理疾病报告制度，向家长及时告知学生身体及心理健康状况；学校发现学生身体状况或者情绪反应明显异常、突发疾病或者受到伤害的，应当及时通知学生家长。

第四十七条　学校和教职工发现学生遭受或疑似遭受家庭暴力、虐待、遗弃、长期无人照料、失踪等不法侵害以及面临不法侵害危险的，应当依照规定及时向公安、民政、教育等有关部门报告。学校应当积极参与、配合有关部门做好侵害学生权利案件的调查处理工作。

第四十八条　教职员工发现学生权益受到侵害，属于本职工作范围的，应当及时处理；不属于本职工作范围或者不能处理的，应当及时报告班主任或学校负责人；必要时可以直接向主管教育行政部门或者公安机关报告。

第四十九条　学生因遭受遗弃、虐待向学校请求保护的，学校不得拒绝、推诿，需要采取救助措施的，应当先行救助。学校应当关心爱护学生，为身体或者心理受到伤害的学生提供相应的心理健康辅导、帮扶教育。

第五十四条　教育行政部门应当通过建立投诉举报电话、邮箱或其他途径，受理对学校或者教职工违反本规定或者其他法律法规、侵害学生权利的投诉、举报；处理过程中发现有关人员行为涉嫌违法犯罪的，应当及时向公安机关报案或者移送司法机关。

第五十五条 县级教育行政部门应当会同民政部门，推动设立未成年人保护社会组织，协助受理涉及学生权益的投诉举报、开展侵害学生权益案件的调查和处理，指导、支持学校、教职工、家长开展学生保护工作。

附录7　心理援助机构及热线咨询信息

1. 紧急救助

报警电话：110

医疗救护：120

2. 热线资源

成都市中小学心理热线：962028

成都市心理援助热线：028-87577510

青少年心理咨询和法律援助热线：12355（24小时）

希望热线：400-161-9995

北京市心理危机干预热线：010-82951332

北师大心理支持热线：4001888976

3. 就诊专业医院

四川大学华西医院心理卫生中心：028-85422114

成都市第四人民医院：18008051331

简阳市精神病医院：028-27340800

彭州市第四人民医院：028-83709084

都江堰市第三人民医院：18980554808